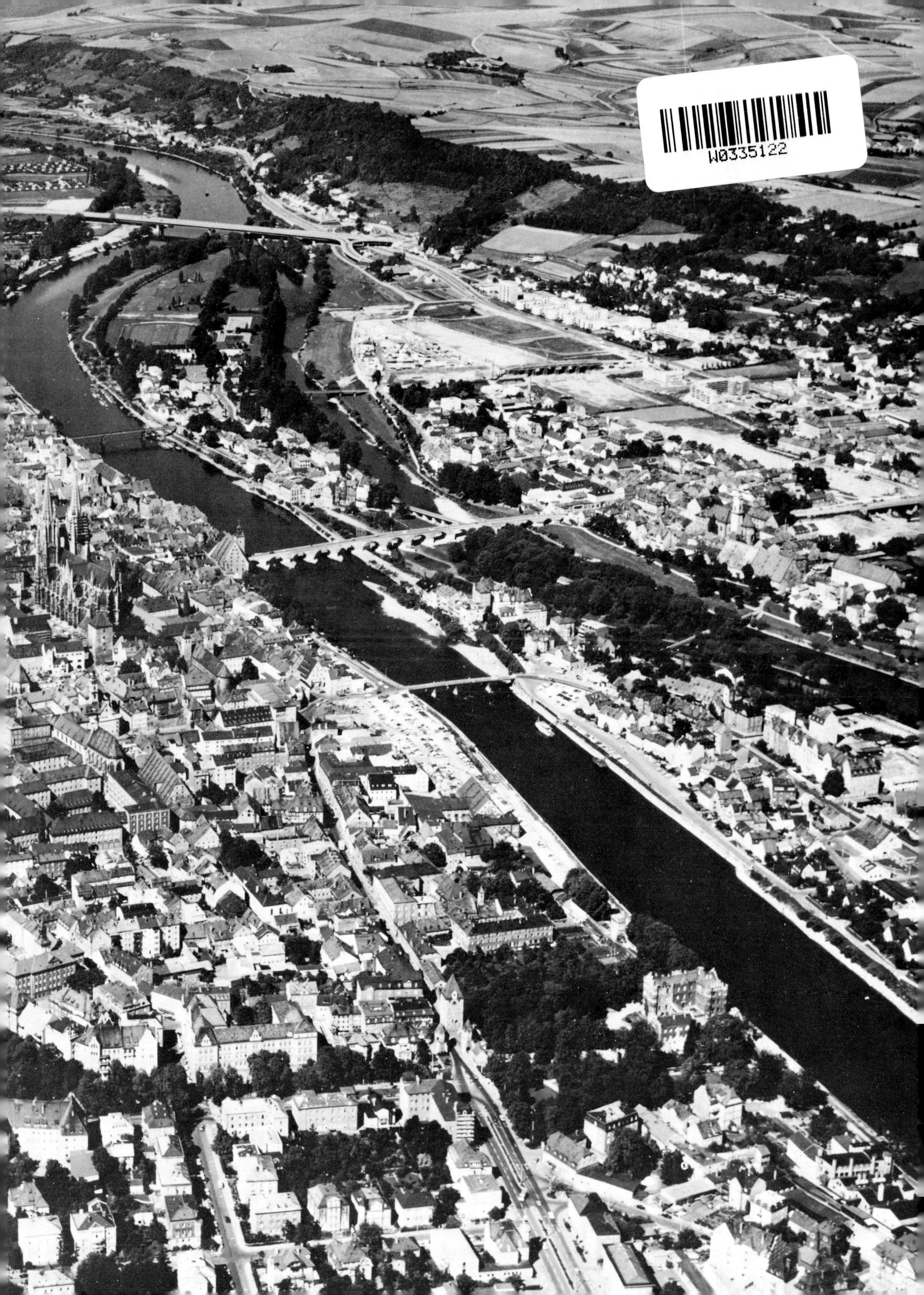

Sigfrid Färber
Regensburg
ehemals, gestern und heute

Sigfrid Färber

Regensburg

ehemals, gestern und heute
Das Bild der Stadt im Wandel der letzten 125 Jahre

J. F. Steinkopf Verlag
Stuttgart

Bei der Arbeit an diesem Buch haben mich viele freundlich unterstützt, und ich möchte allen herzlich dafür danken. Vor allem danke ich Herrn Oberbürgermeister Friedrich Viehbacher für die Erlaubnis, Fotos und Ansichtspostkarten aus der Sammlung des Städtischen Museums und Fotos der Städtischen Lichtbildstelle und des Städtischen Fremdenverkehrsamtes für dieses Buch zur Verfügung zu stellen. In diesem Zusammenhang danke ich Herrn Museumsdirektor Dr. Wolfgang Pfeiffer, dem Leiter der Städtischen Lichtbildstelle, Herrn Adolf Reisinger, und Herrn Alfred Heinzmann vom Städtischen Fremdenverkehrsamt, ebenso Frau Marina Hammer von der Städtischen Pressestelle und Herrn Raimund Sterl vom Regensburger Stadtarchiv für freundliches Entgegenkommen. Sehr zu danken habe ich den privaten Ansichtspostkartensammlungen Paul Eickhoff und Albert Prasch, Regensburg, die zahlreiche ehemalige und gestrige Ansichten der Stadt zur Verfügung stellten.

Weiterhin haben mich unterstützt: Herr Baudirektor Baumann von der Bauleitung Regensburg der Autobahndirektion Süd, Herr Dipl.-Ing. Deutsch und Herr Dipl.-Ing. Eichenseer von der Hafenverwaltung Regensburg, Frau Emmi Englmann vom Stadtvermessungsamt, das Architekturbüro Rudolf Hohenthanner, Herr Geschäftsführer Wolfgang Zeuke vom Kaufhaus bilka, Herr Geschäftsführer Günther Fuchs vom Kaufhaus Horten, Herr Dipl.-Ing. Friedrich Kaetzke von der Bundesbahndirektion Nürnberg, Herr Präsident Otto Kronthaler und Herr Postrat Michael Brucker von der Oberpostdirektion Regensburg, Herr Dr. Paul Mai, Direktor des Bischöflichen Zentralarchivs und der Bischöflichen Zentralbibliothek, Herr Joachim Rehorik, Herr Juan Rosengold von der Jüdischen Kultusgemeinde, Herr Architekt Josef D. Rüth vom Stadtbauamt Regensburg, das Architekturbüro Planungsgruppe Karl Schmid, Peter Mehr, Ludwig Eckl. Allen gilt mein aufrichtiger Dank!

Dr. Sigfrid Färber

Bilder auf Umschlag-Vorderseite: Bismarckplatz Südseite. Beschreibung Seite 66/67

Umschlag-Rückseite: Innenhof des Runtinger-Hauses. Beschreibung Seite 48/49

Bild auf Vorsatz vorne: Luftaufnahme Regensburg, 9/28994
Bilder auf Vorsatz hinten: Pfaffensteiner Brücke mit Königswiesen; Straßenverteiler, Gewerbegebiet und Königswiesen.

CIP-Kurztitelaufnahme der Deutschen Bibliothek
Färber, Sigfrid:
Regensburg – ehemals, gestern und heute : d. Bild d. Stadt im Wandel der letzten 125 Jahre / Sigfrid Färber
1. Aufl. – Stuttgart: Steinkopf, 1984.
ISBN 3-7984-0588-3

Auflage:	4	3	2	1
Jahr:	89	87	85	84

Gesamtherstellung: Aumüller Druck KG Regensburg
Alle Rechte vorbehalten
© J. F. Steinkopf Verlag GmbH, Stuttgart 1984

Regensburgs Erwachen

Als Regensburg, die einstige Reichsstadt, 1810 dem Land Bayern eingegliedert wurde, fiel der Vorhang. Gut hundert Jahre, eine Weile länger als Dornröschen, schlief Regensburg. Die Stadt mußte sich nach zweitausendjähriger ereignisreicher Geschichte einmal ausruhen. Die Geschichte ist Regensburgs Stolz und Regensburgs Problem – für die Historiker und Denkmalpfleger ebenso wie für die Verkehrsplaner.

Im Jahr 1979 beging Regensburg die 1800-Jahrfeier von Castra Regina. Dies war endlich eine Möglichkeit für ein Stadtjubiläum. Regensburg ist ja keine zu einem bestimmten Zeitpunkt gegründete, sondern eine in Jahrtausenden gewachsene Stadt. Dennoch besitzt Regensburg eine einzigartige Gründungsurkunde: eine in Stein gemeißelte Torinschrift, die für das Jahr 179 n. Chr. den Bau des Römerlagers Castra Regina unter Kaiser Marc Aurel bezeugt. Man kann annehmen, daß mit Castra Regina die eigentliche Stadtgeschichte beginnt. Man weiß aber andererseits, daß Regensburg viel älter ist, daß es schon vor Castra Regina ein Kohortenkastell gab, daß vor den Römern die Kelten hier eine verbreitete Siedlung mit Namen Rathaspona hatten, daß endlich die ersten Spuren des Menschen im Raum der Stadt bis auf 5000 Jahre v. Chr. zurückgehen. Es gibt aber auch die Meinung, selbst Castra Regina sei noch keine rechte Stadt gewesen, sondern eben eine Militärfestung, ein Soldatenlager für die 6000 Mann der III. Italischen Legion – und Regensburg sei doch erst Stadt im frühen Mittelalter geworden, wo es unter den Agilolfingerherzögen Hauptstadt Bayerns war.

Wie dem auch sei – wir lassen wieder einmal Goethe sprechen, der 1786 auf seiner Italienischen Reise schrieb: »Regensburg liegt gar schön, die Gegend mußte eine Stadt herlocken.« Das ist die denkbar trefflichste Kennzeichnung; denn Regensburg verdankt sein Entstehen, seine Stellung in der Römerzeit und seinen europäischen Rang im frühen und hohen Mittelalter der Lage am nördlichsten Punkt der Donau, die hier zwei Arme bildet. Hier mußte sich eine Stadt entwickeln, die unergründlich alt ist, von deren Entstehen nur merkwürdige Sagen erzählen, von der schon der Chronist Arbeo um 760 schrieb: »Radaspona ist un-

Domplatz um 1840. Nach einer Zeichnung von William Bartlett, Stahlstich von E. Challis

einnehmbar. Es ist aus Quadersteinen erbaut, hoch ragen seine Türme, Brunnenwasser besitzt es im Überfluß.«
Vom 10. bis zum 14. Jahrhundert behauptete Regensburg seine Machtstellung im europäischen Handel. 1245 wurde es Freie Reichsstadt, die einzige in Altbayern, die östlichste im Reich. Tragisch klang das Mittelalter aus. Die Stadt erschütterten wirtschaftliche, politische und religiöse Wirren. 1542 nahm Regensburg die Reformation an, wurde nunmehr evangelische Reichsstadt mit überwiegend katholischer Bevölkerung, weil zwar die Bürger mit Bürgerrecht evangelisch, die übrigen Einwohner aber katholisch waren. So wurde Regensburg nach dem 30jährigen Krieg eine Stadt der Toleranz, und so kam es hier auch 1663 zum »Immerwährenden Reichstag«, dem seit dem Mittelalter in Regensburg an die sechzig einzelne Reichstage vorausgegangen waren. Ende des Reiches 1806, Ende der Reichsfreiheit, und schließlich kam Regensburg 1810 zu Bayern, dessen Hauptstadt es in früher Zeit gewesen war.
Die einstige Weltstadt des Mittelalters, die einstige Reichs- und Reichstagsstadt, wurde Provinz, wenn auch Hauptstadt der Oberpfalz. Wohl regten sich auch im 19. Jahrhundert Kräfte, die bis in die Gegenwart wirksam blieben: so entstanden bedeutende Verlage, es wurden die Kirchenmusikschule und die Dompräbende der Regensburger Domspatzen gegründet. Doch man spricht mit Recht von den »stillen Jahren« Regensburgs. Man hatte noch kein rechtes Verständnis für die Stadt als Schatzkammer der Vergangenheit. Großstadt wurde Regensburg plötzlich nach dem Zweiten Weltkrieg, als sich in der unzerstörten Stadt zahlreiche Flüchtlinge aus den Ostgebieten niederließen. Großstadt war es aber zunächst nur zahlenmäßig. Das eigentliche Erwachen Regensburgs vollzog sich allmählich. Heute ist es mit 133 000 Einwohnern die viertgrößte Stadt Bayerns und Oberzentrum Ostbayerns. Es haben sich nunmehr Unternehmen und Konzerne von weltweiter Bedeutung mit Haupt- und Zweigwerken niedergelassen, 1971 erfolgte mit der Eröffnung der Autobahn Nürnberg-Regensburg der Anschluß an das europäische Straßennetz, und 1984 folgte die Eröffnung der Autobahn Regensburg-Passau; neue Donaubrücken wurden im Stadtraum gebaut, nachdem die mittelalterliche Steinerne Brücke über 800 Jahre lang der einzige Verkehrsweg über beide Stromarme gewesen war. Der Osthafen wurde ausgebaut, in den jährlich 12 000 Schiffe aus den acht Anliegerstaaten der Donau einfahren, die Rhein-

Haidplatz um 1840. Stahlstich von Höfer, nach einem Gemälde von Kransperger

Main-Donau-Wasserstraße ist im Entstehen, die den alten Traum der Verbindung vom Schwarzen Meer zur Nordsee erfüllen soll.

Vor allem aber ist das große Kulturerbe der Vergangenheit in Regensburg wieder lebendig. Regensburg wurde als erhaltene mittelalterliche Großstadt neu entdeckt, als mittelalterliches Wunder Deutschlands, wobei die Stadt mit zahlreichen Bau- und Kunstdenkmälern aus zwei Jahrtausenden beeindruckt, die zum großen Teil hervorragend wiederhergestellt wurden, wie das Alte Rathaus, das originalste gotische Rathaus in Deutschland, der Herzogshof, die älteste bayerische und zugleich älteste deutsche Residenz, großartige Patrizierhäuser, Turmhäuser nach italienischem Muster, wie diese nördlich der Alpen nur hier zu finden sind, wunderschöne gotische Gebäude, die aber meist verbaut und verelendet waren und nun mit staatlichen, städtischen oder auch aus privaten Mitteln hervorragend wiederhergestellt wurden. Neben seinen Sehenswürdigkeiten hat Regensburg acht Museen und Sammlungen und zehn wissenschaftliche Bibliotheken mit 2,8 Millionen Bänden. Der überaus wertvolle Domschatz wurde endlich zugänglich gemacht, das katholische Diözesanzentrum und Diözesanmuseum und das evangelische Haus der Kirche wurden eröffnet, ebenso die Städtische Galerie im »Haus zum leeren Beutel«; ferner entstanden das Städtische Bildungs- und Begegnungszentrum im Thon-Dittmer-Haus und das Haus der Begegnung der Universität im Herzen der Altstadt. Schon seit 1949 gibt es das Städtische Museum mit über hundert Schauräumen, 1952 wurde die Dompräbende in das Musikgymnasium der Regensburger Domspatzen umgewandelt, 1978 die Kirchenmusikschule in die Fachakademie für Katholische Kirchenmusik und Musikerziehung. Die Regensburger Universität wurde als Vierte Bayerische Landesuniversität 1967 eröffnet, wobei, anders als bei früheren Universitätsgründungen, der gesetzliche Gründungsbeschluß nach jahrzehntelangem Kampf durch den Volkswillen erreicht wurde.

Der Dornröschenschlaf des 19. Jahrhunderts hatte sein Gutes: Regensburg blieb als historische Stadt erhalten, von der Wilhelm von Hausenstein sagt: »Ist nicht das Sichtbare und Erhaltene dieser Stadt fast mehr, als auch ein weitaufgespannter Sinn zu fassen vermag!« Heute, nach Regensburgs Wiedererwachen, gilt auch der Spruch des Chronisten Otloh aus dem Jahr 1050: »Regensburg ist alt und neu zugleich«.

Regensburgs erster Bahnhof, erbaut 1857–1859

Bahnhof – Ansichtspostkarte um 1910

Hauptbahnhof, erbaut 1886–1891, Aufnahme von 1903

Hauptbahnhof

Der erste Regensburger Bahnhof wurde von 1857–1859 von der 1856 gegründeten »Königlich privilegierten Gesellschaft der Bayerischen Ostbahnen« nach dem Entwurf des »Directionsarchitecten H. Hügel« vom 1. November 1857 erbaut. Direktor der Bayerischen Ostbahn war Paul Camille von Denis (1795–1872), der schon die Leitung beim ersten deutschen Eisenbahnbau zwischen Nürnberg und Fürth hatte und auch, vor seiner Tätigkeit bei der Bayerischen Ostbahn, die Strecken München–Augsburg und Frankfurt/Main–Wiesbaden/Mainz eingerichtet hatte. Für den Nordosten Bayerns war zwar schon laut Gesetz vom 4. 5. 1851 eine Staatsbahn von Nürnberg über Amberg nach Regensburg mit Zweigbahnen vorgesehen; da dieses Gesetz aber nicht verwirklicht wurde, überließ der Staat den Eisenbahnbau für dieses Gebiet der privaten Gesellschaft Bayerische Ostbahn, deren Hauptaktionär das Fürstliche Haus Thurn und Taxis in Regensburg war. Der Bahnbetrieb wurde am 12. Dezember 1859 eröffnet. Die Linie Regensburg–Geiselhöring–Landshut hatte Anschluß an die Linie Landshut–München; über Schwandorf führte die Bahn nach Amberg und Nürnberg, auch nach Furth i. Wald; eine weitere Strecke hatte Straubing zum Ziel, 1860 bis Passau weitergeführt. So war der erste Regensburger Bahnhof ein nach Osten gerichteter Sackbahnhof.
Nun wurde für die Königlich Bayerischen Staatseisenbahnen am 29. April 1869 der Bau der Strecke Ingolstadt–Regensburg beschlossen, und Regensburg, das bisher nur einen Ostbahn-Bahnhof hatte, benötigte also nun für die Staatsbahnstrecke nach Ingolstadt einen Staatsbahn-Bahnhof. Außerdem wurde am 3. August 1869 der Gesellschaft der Bayerischen Ostbahn die Erlaubnis zum Bau der Direktstrecke Nürnberg-Regensburg erteilt. Für einen neuen Bahnhof wurden am 30. November 1870 aufgrund eines Wettbewerbs acht Entwürfe vorgelegt, die alle verworfen wurden. Dann wurde der Plan eines Gemeinschaftsbahnhofs ins Auge gefaßt, aber auch wieder beiseite gelegt. Die zähen Verhandlungen zwischen den beiden Eisenbahngesellschaften, der Stadt Regensburg und auch der Katholischen Kirche wegen des in unmittelbarer Bahnhofsnähe gelegenen Petersfriedhofs, gingen jahrelang weiter. Ostbahn-Direktor Badhauser entschied schließlich, einen eigenen Bahnhof zu bauen und diesen gegen Miete der Staatsbahn zu überlassen. Die Entwicklung brachte es aber mit sich, daß die Bayerische Ostbahn 1875 verstaatlicht und am 1. Januar 1876 völlig in die Bayerische Staatsbahn eingegliedert wurde. Der neue Regensburger Bahnhof wurde endlich – wie auch auf einer Gedenktafel zu lesen – von 1886 bis 1891 erbaut. Architekt war Carl Gustav Ritter von Zenger (1838–1905), der ursprünglich Baurat bei der Fürstlich Thurn und Taxis'schen Domänen-Oberadministration und seit 1870 Direktionsarchitekt der Ostbahn-Gesellschaft war und auch die Bahnhöfe in Landshut, Passau, Bayer. Eisenstein, Weiden und Nürnberg erbaute.

Hauptbahnhof – Aufnahme August 1942

Hauptbahnhof nach Kriegszerstörung – Aufnahme Juli 1946

Hauptbahnhof heute

Unsere Aufnahme aus der Zeit des Zweiten Weltkriegs zeigt den Regensburger Hauptbahnhof mit dem vom damaligen Reichspropagandaministerium für alle Reichsbahnanlagen befohlenen Leitspruch: »Räder müssen rollen für den Sieg!«.

Von den dreizehn Luftangriffen, welche die Stadt Regensburg in den Jahren 1943/45 erlitt, zielten mehrere auch auf den Bahnhof, so daß in der Bahnhofsruine nur noch die äußersten Gebäudeflügel und die Eingangsarkade stehen blieben.

Der Wiederaufbau dauerte wegen Geldmangel von 1946 bis 1955, wobei die Fassade und auch der Innenausbau lediglich in vereinfachter Form wiederhergestellt wurden. Zwanzig Jahre später waren umfassende Instandsetzungen notwendig, vor allem neue Dacheindeckung und neuer Außenputz. Bei dieser Gelegenheit verlangte die Stadt Regensburg, dem Bahnhofsgebäude wieder das neuklassizistische Ansehen von früher zu geben. Dies war aber wirtschaftlich nicht durchführbar, so daß man sich wiederum mit vereinfachter Fassadengestaltung und unterschiedlicher Farbgebung der Wandflächen und der Fensterfaschen begnügen mußte. Die Versetzung der Bahnhofsuhr aus der Mitte ist den Regensburgern (und auch den Gästen der Stadt) nicht genehm, weil man sie von der Maxstraße aus nun nicht mehr gut sehen kann.

Das Bundesbahnprojekt MOFA, nämlich »Modernisierter Fahrausweisverkauf« hat sich 1981 auf die Inneneinrichtung des Regensburger Hauptbahnhofs ausgewirkt, nicht nur durch Anbringung der neuen Fahrkartenautomaten, sondern auch durch Umgestaltung der Fahrkartenausgabe und der Empfangshalle.

Bereits 1982 erhielt der Geschäftsbereich Bahnbus Regensburg im Empfangsgebäude einen zentralen Standort. Eine weitere Neuerung erfolgte 1982/83: der Einbau einer großzügigen Buch- und Zeitschriftenhandlung.

1984 wurde weiterhin mit einer wichtigen, vom Reisepublikum schon lange sehr erwünschten Neuerung im Bereich der Bahnsteige begonnen: Die Bahnsteige werden aufgestockt und bis zu einem halben Meter höher sein als bisher, so daß bequemes Aus- und Einsteigen gewährleistet ist. Im Zusammenhang damit werden die Bahnsteige insgesamt erneuert: die Bahnsteigdächer, die Diensthäuschen, die Zuglauf-Anzeiger, die Lautsprecheranlagen, die Kioske und die Uhren. 1985 wird nach einem Aufwand von fünf Millionen DM der Regensburger Hauptbahnhof großstädtisches Intercity-Format haben.

Die Maximilianstraße

Bei der Erstürmung Regensburgs durch Napoleon im Kampf gegen Österreich am 23. April 1809 wurde der Stadtteil zwischen dem ehemaligen Jesuitenkollegium St. Paul (Obermünsterstraße) und dem ehemaligen Kloster St. Klara (Klarenanger – D.-Martin-Luther-Straße) besonders schwer betroffen. In Hugo Graf von Walderdorffs 1896 erschienenen Regensburgbuch lesen wir:

»Beim Wiederaufbau wurde dieser Stadttheil ganz neu regulirt und namentlich vom Alten Kornmarkt an eine neue gerade Straße, die Maximiliansstraße, und an deren Ende das Maximiliansthor angelegt.«
Die Straße wurde – nachdem Regensburg 1810 zu Bayern gekommen war – nach dem damaligen König Max I. benannt und führte durch das Maxtor in gerader Linie auf das Kepler-Monument zu. Das Maxtor war ein spätklassizistischer Bau, ähnlich dem Tor an der Nordseite der Stadtamhofer Hauptstraße, auf beiden Seiten von Wachthäuschen mit einem kleinen Säulenvorbau eingerahmt. Das Kepler-Monument wurde später beim Bau des ersten Regensburger Bahnhofs 1859 seitlich in die Allee verlegt und die Maximilianstraße gerade auf den Bahnhof zugeführt.
Graf von Walderdorff schreibt weiter über die Maximilianstraße: »Die damals herrschende Geschmacklosigkeit und der Mangel an Geld während der harten Kriegsläufe waren jedoch schuld, daß diese freundliche Straße mit zimlich unansehnlichen Gebäuden besetzt wurde; in der neueren Zeit jedoch ist dieselbe durch so manche Umbauten etwas ansehnlicher geworden.«
Am ansehnlichsten wurde die Straße durch das Parkhotel Maximilian. Bauherr war Franz Josef Bergmüller, eine echte Unternehmerpersönlichkeit aus Regensburgs später Gründerzeit. Er heiratete als Braumeister die Witwe der Regensburger Brauerei Karmeliten und baute diese ebenfalls zu einem stattlichen Hotel aus. Sein Architekt für das Hotel Maximilian war Julius Poeverlein. Bergmüller starb während der Bauarbeiten. Das Erbe übernahm seine Witwe Anna Bergmüller, die das Hotel, das endlich am 29. März 1891 eröffnet werden konnte, an die Gebrüder Müller verpachtete. Das Parkhotel, obgleich als »Zierde der Stadt« hochgelobt, war sehr wechselnden Schicksalen unter verschiedenen Besitzern unterworfen, bis es schließlich 1962 verkauft und 1974 geschlossen wurde. Jahrelang schwebte das Damoklesschwert des Abbruchs über dem Haus, weil die wiederum wechselnden Besitzer andere Zwecke verfolgten.
Während das einstige Maxtor und auch das westliche Wachthäuschen 1890 dem Bau des Hotels Maximilian weichen mußten, blieb das östliche Wachthäuschen stehen (Bild S. 12 oben!) und diente zunächst als Polizeiwache, dann als Reisebüro, bis es 1955 bei den Ausgrabungen der Südostecke der Römermauer abgebrochen wurde (Bild S. 12 unten!). Der Heroldbau – die Häuser Maximilianstraße 27 und 29 – wurde von Juli 1958 bis März 1959 unter dem Herold-Architekten Piper und dem Architekten Strach der Regensburger Baufirma Riepl errichtet.

Parkhotel Maximilian und Maximilianstraße

Das Bayerische Denkmalschutzgesetz und Dr. Robert Eckert retteten das Parkhotel Maximilian vor Abbruch und Umbau. Das Denkmalschutzgesetz trat am 1. 10. 1973 in Kraft, und das erste in die Denkmalliste eingetragene Bauwerk in Bayern war das Regensburger Parkhotel Maximilian. Der eigentliche Retter war Dr. Robert Eckert, Gründer und Chef der Technischen Lehranstalt und des Berufsförderungswerks Eckert in Regensburg, der das Parkhotel Maximilian – den bedeutendsten bürgerlichen Neurokokobau in Bayern mit entsprechender Innenausstattung – auch zu einem Lehrhotel machte.

Weil die Maximilianstraße Anfang des 19. Jahrhunderts eine ganz neue Straße war, wurde sie auch einfach »Neue Straße« genannt. In der Tat unterscheidet sie sich wesentlich von den übrigen Straßen- und Gassenzügen der Altstadt, so daß die Bezeichnung »Neue Straße« alte Regensburger noch in den zwanziger Jahren unseres Jahrhunderts gebrauchten.

In der »Neuen Straße« stand auch ein alteingeführtes und sehr beliebtes Brauerei-Hotel – es gab ja um die Jahrhundertwende noch achtzehn Brauereien in der Stadt – der Sternbräu. Im Frühjahr 1955 wurde das Sternbräu-Hotel abgebrochen (Bild oben!), um dem Neubau der bilka-Kaufhaus G.m.b.H. zu weichen. Baubeginn des bilka-Kaufhauses nach dem Plan des Münchener Architekten Edelmann war der 2. Mai 1955, die Eröffnung fand am 22. Oktober 1955 statt.

Die Sgrafitto-Dekorationen am Haus wurden von Siegfried Haas aus Rottweil am Neckar entworfen und ausgeführt. Die Dekoration auf der Seite der Maximilianstraße zeigt Gestirne und Jahreszeiten, auf der Gegenseite des Hauses, in der Dr.-Wunderle-Straße, früher Wermutgasse, die Donau von der Quelle bis zum Schwarzen Meer.

Regensburg
Alte Kaserne und alte Minoritenkirche
21883

Dachauplatz, ehemals Kasernplatz

Die frühgotische Minoritenkirche, Mitte des 13. Jahrhunderts erbaut, Anfang des 14. Jahrhunderts mit einem hochgotischen Chor erweitert, gehörte einst zum Minoritenkloster, Mutterhaus von Bruder Berthold, des größten deutschen Volkspredigers des Mittelalters.
Mit Unterbrechungen bestand das Kloster bis zur endgültigen Auflösung 1803. Als Regensburg 1810 zum Land Bayern kam, zog in die ehemaligen Klostergebäude das Königl. bayerische 11. Infanterieregiment General Von-der-Tann ein, und die Kirche, deren wertvolle Glasgemälde nach München in das Nationalmuseum kamen, soweit sie nicht auf dem Transport verloren gingen, wurde zur Exerzierhalle. Als die neuen Kasernen gebaut wurden und die Soldaten später auszogen, wurden die ehemaligen Klostergebäude Mietshäuser mit billigen Wohnungen, wobei die Kreuzgänge mit Gerätschaften, Kellerkram und Kaninchenställen angefüllt wurden. Auf dem ehemaligen Kasernplatz traten gerne Schausteller wie die Steiltänzer Knie und Stei auf. 1931 erwarb die Stadt die alten Kloster- beziehungsweise Kaserngebäude, und es ist Stadtdirektor Dr. Walter Boll zu danken, daß – nach unermüdlichen Verhandlungen mit Landes- und Stadtbehörden – hier schließlich das Städtische Museum eingerichtet werden konnte, das am 11. Februar 1949 eröffnet wurde. Es verfügt jetzt über mehr als hundert Räume, über die Minoritenkirche als Ausstellungs- und Konzertraum mit Konzertorgel (Abbildungen Seite 16. Oben: Kasernplatz gegen Osten 1907; unten: Dachauplatz heute mit Städtischem Museum).
An der Südseite des Dachauplatzes, wo einst das 1809 kriegszerstörte St. Klara-Kloster, später die Gaststätte St. Klara standen, wurde 1971/72 das Parkhaus gebaut und am 1. Dezember 1972 eröffnet. Es ist nicht gerade eine Zierde des Platzes, es wurde aber in seiner Tiefe die nunmehr gut zugängliche Römermauer mit 60 Meter Länge eindrucksvoll freigelegt (Abbildungen Seite 17: Dachauplatz gegen Südwesten 1948 und heute).

Städtische Galerie »Leerer Beutel«

Dieses Haus in der Bertoldstraße, in unmittelbarer Nähe der Minoritenkirche und des Städtischen Museums, hat schon seit den Tagen des Mittelalters diesen seltsamen Namen. Urkundlich erstmals 1381 erwähnt, wurde das Haus an der Wende vom 16. zum 17. Jahrhundert mit großartigen Balkenkonstruktionen im Innern als Getreidespeicher ausgebaut. Als es nicht mehr als Getreidemagazin verwendet wurde, war es eine Zeitlang Aushilfskaserne, dann Möbellager.

Anfang 1979 wurde mit der großzügigen Sanierung des teilweise heruntergekommenen Hauses (Bild links unten!) begonnen, und seit Ende des Jahres 1980 ist das Haus ein neues Regensburger Kulturzentrum: Es wurde hier eine Filialgalerie der Bayerischen Staatsgemäldesammlungen mit wertvollen Kunstwerken des 19. Jahrhunderts (Bild oben!), ferner eine Sammlung ostbayerischer Kunst des 20. Jahrhunderts untergebracht, außerdem werden Wechselausstellungen durchgeführt, ferner sind Konferenz-, Vortragsräume, ein Filmstudio-Raum und eine Gaststätte vorhanden.

Diözesanmuseum

Eine noch großartigere Speichergestaltung – freitragende Hängekonstruktion und kunstvoller Balkenverband ohne Mittelpfeiler (Bild oben!) – ist im Ökonomiegebäude des ehemaligen Freien Reichsstiftes Obermünster, eines adeligen Damenstifts, zu bewundern. Die Sanierung des ebenfalls heruntergekommenen Gebäudes (Bild rechts unten!) und die Verwirklichung des schon Jahrzehnte geplanten Vorhabens, ein Depot mit Werkstätte für Kunstwerke der Regensburger Diözese und ein Diözesanmuseum zu errichten, wurde unter Bischof Rudolf Graber verwirklicht, der zur Eröffnung des Diözesanmuseums am 1. März 1979 einladen konnte.

Das Diözesanmuseum in unmittelbarer Nähe des Emmeramsplatzes An der Hülling 1 zeigt seit 1981 im Erdgeschoß – einst Stallung mit Kreuzgratgewölbe und Mittelstützen – eine Dauerausstellung mit Objekten der Kunstsammlung des Bistums Regensburg vom 12. bis 20. Jahrhundert, ferner eine Dokumentation der Geschichte des Bistums und der Diözesanpatrone. Außerdem werden eindrucksvolle Wechselausstellungen veranstaltet.

Alter Kornmarkt heute

Alter Kornmarkt

Der Alte Kornmarkt, der heute wieder seinen ursprünglichen Namen trägt, nachdem er nach dem Krieg 1870/71 einige Jahrzehnte Moltkeplatz geheißen hatte, wird von den historischen Gebäuden Herzogshof und Römerturm, Basilika Alte Kapelle und Karmelitenkirche bestimmt. Der Herzogshof ist das bedeutendste weltliche Bauwerk Regensburgs, in seinem erhaltenen Baubestand hundert Jahre älter als das Alte Rathaus. Als Pfalz der Agilolfinger war der Herzogshof in früher Zeit nicht nur die erste bayerische, sondern auch die erste deutsche Residenz. Karl der Große erhob den Herzogshof zur wichtigsten Kaiser- und Königspfalz im süddeutschen Raum. Später waren die Burggrafen Betreuer der Königsburg, und nach ihrem Aussterben beerbten sie die bayerischen Herzöge aus dem Haus Wittelsbach. Der Bau in seinem wesentlichen Bestand fällt in die Zeit Herzog Ludwigs des Kelheimers um 1220. In der nachmittelalterlichen Zeit wurde das Gebäude durch Um- und Zubauten, durch Einziehen von Zwischendecken und Zwischenwänden völlig verändert. Es blieb aber immer bayerischer Staatsbesitz, in dem verschiedene Ämter, wie Kgl. Bayer. Hauptmaut, Kgl. Bayer. Salzamt, schließlich das Kgl. Bayer. Forstamt untergebracht wurden. Bis 1900, also bis zur Einführung des Bürgerlichen Gesetzbuches, galt im Bereich des Herzogshofes noch bayerisches Landrecht, nicht Regensburger Stadtrecht. Die Stadt selbst war nie Besitzerin des Herzogshofes. Die Reichspostdirektion erwarb das Gebäude 1935 vom Staatlichen Zollärar, und es sollte im Zug der Erweiterung der Postdiensträume abgebrochen werden. Da entdeckte man unter den verbauten Fenstern romanische Arkaden (wie man im Vergleich der beiden Fotos sieht), unter den Zwischendecken eine gotische Wappendecke, die einen romanischen Pfalzsaal überspannte. So wurde das seltene Gebäude erhalten und im Auftrag der Postdirektion 1937–40 und noch einmal 1960/70 vollständig wiederhergestellt – ein Musterbeispiel der Denkmalpflege.

Der Römerturm war Schutzturm und Schatzkammer der einstigen Pfalz und wurde bei der Wiederherstellung des Herzogshofs mit diesem wie früher mit einem Schwibbogen verbunden.

◁ Moltkeplatz um 1890

Dom Sankt Peter

Der Dom Sankt Peter ist das Hauptwerk der Gotik in Süddeutschland nach dem Vorbild der großen französischen Kathedralkunst. Der Dom ist eine dreischiffige Basilika auf zwei Meter hohem Unterbau, mit Chorhaus, drei Apsiden, östlichem Querschiff und zwei 105 Meter hohen Westtürmen.

Als Bischofskirche hat der Regensburger Dom drei Vorgängerbauten: eine merowingische Bischofskirche um 700 an der Stelle der heutigen Niedermünsterkirche, einen karolingischen Dom um 800 mit Westfassade an der alten Via Praetoria, einen romanischen Bau der ottonischen Zeit des 11. Jahrhunderts im Bereich des heutigen Doms mit zwei Westtürmen, von denen der nördliche, der sogenannte Eselsturm, erhalten blieb. Im 13. Jahrhundert begann der Neubau des heutigen Doms, der ab 1273 unter Bischof Leo dem Thundorfer lebhaft betrieben wurde. 1276 erfolgte die Weihe des ersten Altars. Der Südturm stammt aus dem frühen 14., der Nordturm aus dem späten 14. Jahrhundert. Im 15. Jahrhundert erfolgte langsam der Bau der Westfassade, bis 1525 die Arbeiten eingestellt werden mußten.

Im 17./18. Jahrhundert wurde der Dom barock ausgestattet. Seine Türme aber blieben weiterhin stumpf, wie man es von den französischen Kathedralen gewohnt ist. Als man im 19. Jahrhundert, im Zeitalter der Romantik, die Schönheit der mittelalterlichen, der romanischen und gotischen Baukunst wiederentdeckte, die im Zeitalter des Barock verpönt war, wurde auch, unter König Ludwig I. von Bayern, der Regensburger Dom »purifiziert« oder »regotisiert«, wie man sagte, und es erfolgte eine gründliche Restaurierung des Innenraums von 1834–39 unter Leitung des Münchener Architekten Friedrich von Gärtner. Mit großer Unterstützung des genannten Bayernkönigs und auch des damaligen Bischofs Ignatius von Senestrey begann man 1859 mit dem Ausbau der Domtürme. Der Regensburger Dombaumeister Franz Denzinger errichtete in zehn Jahren das Oktogongeschoß und die Helme der beiden Türme. Unsere Aufnahme vom Domausbau stammt aus dem Jahr 1864.

Während die Hauptmasse des Doms aus Kalksandstein besteht, wurden die spätgotischen Bauteile und auch die Turmhelme des 19. Jahrhunderts aus Grünsandstein errichtet. Schon Ende des 19. Jahrhunderts zeigten sich starke Verwitterungserscheinungen an den Grünsandsteinteilen, so daß schließlich eine vollständige Erneuerung der Turmhelme 1954–58 nötig war, da man sie sonst hätte wieder abbrechen müssen.

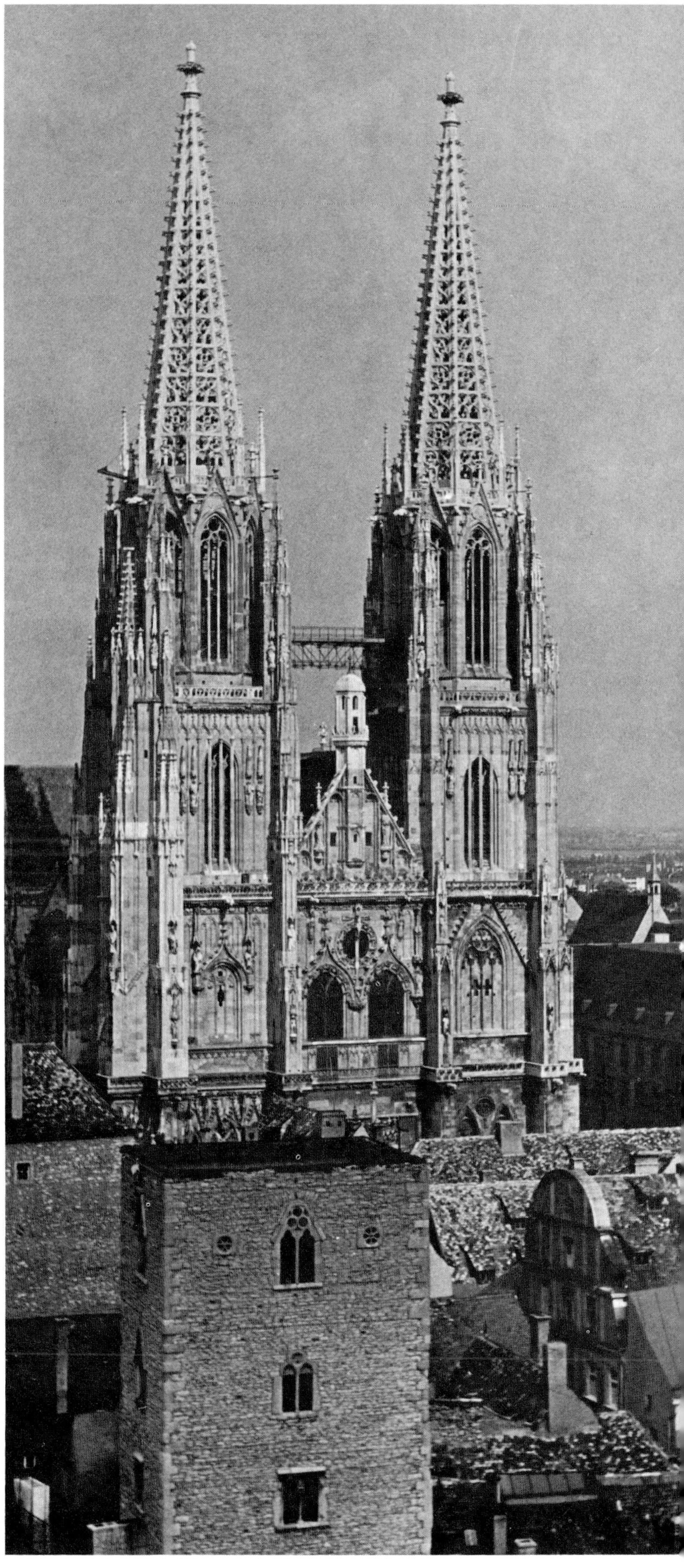

Ehemaliger Salzburger Hof vor Abbruch 1894

Dompostgebäude nach Umbau 1937/40

Oberpostamtgebäude 1894/95

Dompost

Anstelle des heutigen Gebäudes der Oberpostdirektion mit Dompostamt standen in alter Zeit das Oberpostamt, das Gasthaus zur Post und der Salzburger Hof. Dieses im Kern uralte Gebäude schenkte Kaiser Otto II. im Jahr 976 dem Erzbischof Friedrich von Salzburg. Hier wohnten von nun an die Salzburger Erzbischöfe, wenn sie in Reichsgeschäften in Regensburg weilten. Bis zur Säkularisation befand sich der Hof im Besitz des Salzburger Erzbistums; dann ging er an einen Kaufmann, schließlich an einen Färber über, der ihn bis 1893 besaß. Die Verwahrlosung des ohnedies nicht mehr gesicherten Gebäudes setzte 1811 ein, als Umbauten zu einem Miethaus und die Einrichtung einer Färberei erfolgten. Als der ehemalige Salzburger Hof schließlich dem neuen Königlich Bayerischen Oberpostamtsgebäude weichen mußte, wurden noch wertvolle romanische Architekturteile, Säulen und Kapitelle gerettet, die heute im Städtischen Museum zu sehen sind.

Das neue Königliche Oberpostamtsgebäude wurde in den Jahren 1894/95 nach den Plänen des Kgl. Bauamtmanns Philipp Kremer errichtet. Es war ein sehr stattlicher Neurenaissancebau, bei dem nur sogenanntes »ächtes Material«, Haustein und Ziegel, verwendet wurde, sehr vorteilhaft gegliedert durch die hervorspringenden Seitenflügel. Jedermann wird heute bedauern, daß dieser eindrucksvolle Bau in den dreißiger Jahren unseres Jahrhunderts unter Leitung der Postoberbauräte Karl Schreiber und Hans Merkenthaler auf sehr nüchterne Weise umgestaltet wurde.

Im ehemaligen Kgl. Oberpostamtsgebäude waren auch das Kgl. Telegraphenamt und die Kgl. Telephonanstalt untergebracht. Auf der Rückseite des Gebäudes der gewaltige Telephoneinführungsturm im Bild links oben. Er ist heute längst verschwunden, doch sind auf der Rückseite noch einige Neurenaissanceformen erhalten, wie Bild rechts oben zeigt.

Die Schalterhalle des alten Kgl. Oberpostamtgebäudes (Bild links unten) war eine wundervolle palastartige Renaissancehalle, deren Verlust man aufs tiefste bedauert, angesichts der Neugestaltung des Schalterraums 1980/81 durch Postoberrat Dipl.-Ing. Konrad Kopyciol (Bild rechts unten).

3
4
6
7
8
9

Gemüsemarkt am Domplatz 1930

Haus an der Heuport und Krauterermarkt 1907 und heute ▷

Krauterermarkt

Außer dem großen Donaumarkt gibt es auch heute noch bunte Märkte in der Innenstadt, vor allem an Samstagen und vor Feiertagen. Freilich sind sie in der Altstadt nicht mehr so zahlreich wie früher, wo nicht nur am Domplatz Gemüse und Obst feilgeboten wurde, sondern am Alten Kornmarkt allsamstäglich auch ein Kleintiermarkt stattfand, wo man Geflügel, Ferkel, auch junge Hunde und Katzen kaufen konnte. Der Krauterermarkt, die Fortsetzung des Domplatzes zum Bischofshof hin, hat sicher seinen Namen von den Krautbauern, deren Gärten am Krauterweg, der heutigen Von-der-Tann-Straße lagen.

Das Haus an der Heuport, das noch zum Domplatz gehört, ist eines der stattlichsten und schönsten Patrizierhäuser Regensburgs aus dem 14. Jahrhundert. Es ist eine Vierflügelanlage um einen weiträumigen Innenhof. Besonders eindrucksvoll ist heute die gotische Fensterflucht im ersten Stockwerk, die zu einem großartigen gotischen Saal gehört. Vor 1938 war davon nichts zu sehen, denn auch dieses Patrizierhaus wurde später völlig verbaut und Geschäftsräume eingebrochen, in einer Zeit, da es keine reichen Besitzer mehr hatte und man allgemein die gotischen Formen barbarisch fand. Das Haus sollte sogar schon abgerissen werden, wurde aber durch den damaligen Kulturdezernenten und Denkmalpfleger Dr. Walter Boll gerettet.

Heute gibt das Haus einen Begriff vom Reichtum der mittelalterlichen Millionäre Regensburgs, die sogar in der Lage waren, gegenüber der Hauptfassade des Domes einen solchen Palast zu errichten. Das Haus an der Heuport untersteht heute der Bischöflichen Verwaltung, wird für Veranstaltungen und Tagungen zur Verfügung gestellt und kann vom Hotel Kaiserhof aus, das stilvoll in die gotischen Räume eingefügt ist, gastronomisch bedient werden.

CARL WILD
GARBATY

HAUS HEUPORT
HOTEL
KAISER-HOF
DER HUTMACHER
DER HUTMACHER
SIEMENS

Neupfarrkirche

Neupfarrplatz

Die Neupfarrkirche steht in der Mitte der Altstadt anstelle der mittelalterlichen Synagoge, die 1519 bei der Vertreibung der Juden niedergebrannt wurde. Zunächst errichtete man eine hölzerne Kapelle für das Gnadenbild der »Schönen Maria«. Die Wallfahrt wurde eine der größten am Ausgang des Mittelalters. Deshalb plante man eine große Kirche, deren Holzmodell des Augsburgers Hans Hueber das Städtische Museum bewahrt. Da aber die Wallfahrtsbegeisterung ebenso schnell, wie sie aufgeflammt war, wieder erlosch, kam die Kirche wesentlich einfacher als geplant zur Ausführung. Sie war um 1537 fertiggestellt und wurde als erste evangelische Kirche Regensburgs vom Rat der Stadt 1542 der neueingeführten Augsburger Konfession übergeben. Mehrere Pläne für den weiteren Ausbau der Kirche wurden nicht verwirklicht. So blieb das Gotteshaus bis 1860 unvollendet (Bild oben links). Erst in der Folgezeit wurde die Kirche durch einen fünfseitigen Chor geschlossen und wurden die Türme auf gleiche Höhe gebracht. Letzte Restaurierungen 1959, 1974 und 1980/81.

Löschenkohl-Palais

Die Löschenkohl kamen als Österreich-Flüchtlinge und einfache Handwerker um 1600 nach Regensburg. Nach drei weiteren Generationen gehörten sie zu den reichsten Großkaufleuten der Stadt. Hieronymus Löschenkohl, der als Bankier sogar dem Kurfürsten von Bayern Geld borgte, baute sich dann von 1731–33 das großartige Palais – heute Neupfarrplatz 14 –, wozu er den berühmten Linzer Baumeister Johann Michael Prunner berief. Es ist der bedeutendste Rokoko-Bau Regensburgs, aus einer Zeit, da die Bautätigkeit in der Stadt sehr gering war, nur das Innere mehrerer Kirchen im Zeitstil ausgestaltet wurde. Löschenkohl erbaute auch ein stattliches Gartenpalais am Minoritenweg, aber seine Baulust und sein aufwendiger Lebensstil führten schließlich 1743 zum Bankrott. Das Palais wurde nun Sitz der Kursächsischen Gesandtschaft am Immerwährenden Reichstag, die es bis zum Ende des Reichs 1806 im Besitz hatte. Seit dieser Zeit wurde das Gebäude nicht mehr gepflegt (Bild oben links). Um 1900 war hier das Kaufhaus Berlin, um 1910 eines der ersten Regensburger Kinos, das Apollo-Theater. In den 20er Jahren

Neupfarrplatz/Nordwestecke
Aufnahme 1892 und heute

Neupfarrplatz/Alte Wache ▷
Aufnahme 1955 und heute ▷

erfolgten bedeutende Restaurierungen unter Aufsicht des Bayerischen Landesamtes für Denkmalpflege (S. 31 oben rechts). Heute befindet sich im Palais die Dresdner Bank (S. 31 unten rechts).

In der Nordwestecke des Neupfarrplatzes, am Eingang zur Tändlergasse, ist nur die altbekannte Engel-Apotheke bis heute geblieben, mit erneuerter Fassade und neuzeitlicher Einrichtung im Innern. Das ehemalige »Restaurant Weiße Rose«, heute Juweliergeschäft Pleyer, ist längst verschwunden, leider auch dessen schöne Fassade mit Rokokostuck, die man heute sicher als reizendes Gegenstück zum Löschenkohl-Palais erhalten würde, die aber einer glatten Wand mit Fenstern ohne Sprossen weichen mußte. Noch einschneidender und auch noch bedauerlicher sind die Veränderungen auf der Südseite des Neupfarrplatzes im Bereich der »Alten Wache«, von der heute nur noch die Fassade, eingegliedert in das Kaufhaus Horten, steht.
Die »Alte Wache« war einst Mittelpunkt des reichsstädtischen, dann auch des fürstprimatisch Dalberg'schen und, nach der Übergabe Regensburgs an Bayern 1810, schließlich des Bayerischen Militärs. Das schöne klassizistische Gebäude mit dem achtsäuligen Vorbau, der eine breite Terrasse trägt, wurde in der Form, die noch heute die Fassade zeigt, nach einem früheren, weit einfacheren, nur ebenerdigen Bau 1818 errichtet, das Obergeschoß entstand erst 1875.
Im späten 19. Jahrhundert, als die »Alte Wache« längst ausgedient hatte, erstand links daneben das Modehaus Fischl, dahinter noch später das Kaufhaus Schocken, nach 1938 Kaufhaus Merkur. In der »Alten Wache« wurde 1949 das Donau-Reisebüro und Fremdenverkehrsamt der Stadt mit Fremdenverkehrsverband Ostbayern eingerichtet. Während das Donau-Reisebüro 1953 aufgelöst wurde, um dem »Amtlichen Bayerischen Reisebüro, Zweigstelle Regensburg« zu weichen, blieben Fremdenverkehrsamt und -verband bis 1960 in der »Alten Wache«. Anfang 1963 übernahm das Kaufhaus Horten das Gebäude samt Fischl-Haus. Am 15. 6. 1972 wurde mit dem Abbruch begonnen und der Neubau unter Leitung von Architekten der Bauabteilung der Horten A.G., Düsseldorf in Rekordzeit fertiggestellt. Die Fassade der Alten Wache wurde eingegliedert, wobei die Fenster im oberen Stock als solche erhalten blieben und die Terrasse begehbar ist. Das neue Kaufhaus wurde bereits am 15. 11. 1973 eröffnet.

Horten

Dorotheenkapelle am Frauenbergl

Die Straßenbezeichnung Am Frauenbergl geht auf ein Marienbild zurück. Am Haus Nr. 4 liest man die Tafel: »Ehem. Domherrnhof mit gotischer Dorotheenkapelle Anf. 14. Jh. Erbauer vermutlich Ulrich von Sarching, Domdekan 1312–1319. Im 2. Weltkr. stark beschädigt. Wiederaufbau nach 1945.« Ein eigentlicher Wiederaufbau ist jedoch nicht erfolgt. Bei der Erneuerung des Gebäudes, das heute die Beratungsstelle der Bayerischen Hausfrauenvereinigung des Katholischen Deutschen Frauenbundes e. V. beherbergt, ist von der Dorotheenkapelle nur das dreiteilige gotische Fenster übrig geblieben, heute im Büroraum der genannten Vereinigung. Im Haus Frauenbergl Nr. 2, ehemals Domherrnhof, woran über der Haustür zwei Wappentafeln mit Inschriften erinnern, ist nach 1960 ein Geschäftslokal eingebaut und in den Hof, der einst eine Regensburger Idylle war, vorgebaut worden; ebenso nebenan für eine Bank, Pfauengasse 1. Unser Bild oben rechts zeigt, wie man durch eine Glaswand auf die ehemalige Dorotheenkapelle sehen kann, unser Bild oben links die Kriegszerstörung der einst so reizenden Kapelle.

Neupfarrplatz – Gesandtenstraße ▷

Ein kleines Seifengeschäft Franz Xaver Miller gab es am Neupfarrplatz an der gleichen Stelle schon 1879, als der Großvater des jetzigen Inhabers eine Seifensiederei in der Engelburgergasse gründete. Als Seifenfabrik wurde sie 1900 in die Blumenstraße verlegt, 1953 aber geschlossen. Der gleichnamige Sohn des Fabrikgründers kaufte 1926 das Haus am Neupfarrplatz und erweiterte das Seifen- und nunmehr auch schon Parfümeriegeschäft. Der große Ausbau des Geschäftes erfolgte in der dritten Generation unter Franz Miller 1956.
Der Blick in die Gesandtenstraße zeigt einen siebengeschossigen frühgotischen Patrizierturm aus der Zeit um 1220, der, samt einem anschließenden Wohntrakt aus dem 15. Jahrhundert, oft den Besitzer wechselte, schließlich nach dem früheren Lebensmittelgeschäft und der auffallenden Firmenaufschrift Kappelmeyerhaus hieß. 1962 erwarb Notar Josef Scheckenhofer das Haus und ließ es unter Architekt Josef Naumann 1963/64 fachgerecht sanieren, wobei im Turm Wohnappartements eingebaut wurden.

B. 7686. Regensburg, Gesandenstrasse.
Haymann & Comp. Bank-Geschäft
Buchhandlung

F.X. Miller
SALAMANDER
sutor
Damen
MODEN
CITRONENBAUM

Am Spielhof – Kassiansplatz

Das frühere Hauptstellengebäude der Städtischen Sparkasse Am Spielhof, wie die alte, heute nicht mehr bestehende Platzbezeichnung lautete (Nebenstehende Aufnahme 1925), war ein stattliches Gebäude mit Jugendstilformen. Es wurde im Zug der Neubauten für das Kaufhaus Horten 1971 abgebrochen, das neue Hauptstellengebäude 1968/70 in der Luitpoldstraße errichtet, seit 1982 Geschäftsstelle der vereinigten Stadt- und Kreissparkasse, der Sparkasse Regensburg.
Auch das sogenannte Bardtenschlager-Eck, wie man sagte (Aufnahme 1954, Seite 37 oben), mußte dem Horten-Neubau weichen und das Feintextil-Geschäft in die Schwarze-Bären-Straße verlegt werden. Das alte Haus Kassiansplatz 3 (Aufnahme 1958, Seite 36 unten) wurde im Frühjahr 1969 abgebrochen, hier die neue, 1970 eröffnete Zweigstelle der Stadtsparkasse errichtet, jetzt ebenfalls Sparkasse Regensburg.

Das Haus für
J. Bardtenschlager.

Horten

Kreissparkasse

Anstelle der Kreissparkasse stand früher das Haus der alteingesessenen Eisenhandlung Christlieb & Fischer an der Ecke Malergasse/Schlossergasse. Für den Neubau der Kreissparkasse nach dem Plan des Architekten Bert Ruf wurde das Haus 1967 abgebrochen, 1969 gleichfalls das ehemalige Hauptstellengebäude der Kreissparkasse, die von 1967/72 in drei Bauabschnitten neu errichtet und 1970 eröffnet wurde.

St. Emmeram Hofapotheke

Diese Apotheke ist ein uraltes Haus auf römischem Grund, mit romanischen Mauern im tiefen Keller, im 1. und 2. Stock aus Bruchsteinen, im 3. Stock im 18. Jahrhundert aus Ziegelsteinen errichtet. Es wurde 1919 von Apotheker Carl Mordhorst erworben und 1927 bis 1930 restauriert. Dabei wurde der falsche Giebel aufgesetzt, der in Stadtamhof gefertigte Erker in Eiche Natur vorgebaut, wobei die Farbgebung des Hauses Jo Lindinger besorgte, der auch den in Keramik ausgeführten Sankt Emmeram entwarf. Eine geschnitzte Madonna aus dem 16. Jahrhundert (zur Zeit des Fotos in Restaurierung) schmückt das Haus.

PFAUENGASSE
ST. EMMERAM
hofapotheke

Goliathhaus

Das Goliathhaus in der Goliathstraße ist eines der ältesten Patrizierhäuser der Stadt. Das mächtige Gebäude mit seinem zinnenbekrönten Turm stammt aus der ersten Hälfte des 13. Jahrhunderts und war das Stammhaus des Bürgergeschlechts der Thundorfer.

Vom 14. bis zum 20. Jahrhundert wurde das Haus mehrmals umgebaut, stets mit wesentlichen Veränderungen im Innern. Unsere Aufnahme aus dem Jahr 1896 oben links zeigt das Haus vor dem Umbau 1897/98, wo es unter Beibehaltung der Umfassungsmauern völlig entkernt und erneuert wurde und zahlreiche verschiedenartig gewölbte Innenräume verschwanden. Unser Bild oben rechts zeigt das Haus mit seinen Ladeneinbauten und Schaukästen um 1912. Ein weiterer, das Haus im Äußern und Innern verändernder Umbau erfolgte 1957/58, wobei weite Stichbogenöffnungen auf Pfeilern den Einbau eines Schaufensterdurchgangs ermöglichten.

Das Riesengemälde von Goliath und David wurde erstmals von Melchior Bocksberger 1570/80 gemalt und mehrmals mit Veränderungen erneuert, zuletzt 1972.

Baumburger Turm am Watmarkt

Die Regensburger Großkaufleute des Mittelalters haben die ersten Handelsverbindungen mit Italien angeknüpft. So hatte das Wappen der Stadt Regensburg jahrhundertelang im Fondaccho dei Tedeschi, in der Deutschenherberge in Venedig, einen Ehrenplatz, und die Regensburger Kaufleute einen Ehrensitz.

In ihrer Heimatstadt bauten sie im 13. und 14. Jahrhundert nach dem Vorbild der italienischen Adelsburgen Turmhäuser, die nicht strategische Zwecke hatten wie in Italien, sondern Geschäftshäuser waren, mit Empfangsräumen, Kontoren, Wohnungen und Warenlagern, und dem Ansehen der Geschlechter dienten. Einst gab es an die sechzig Turmhäuser in der Stadt, heute sind noch an die zwanzig, teilweise nicht freistehend, sondern eingebaut, zu finden. Diese Turmhäuser sind in ihrer Art in Regensburg einmalig diesseits der Alpen.

Einer der schönsten Türme und ganz in italienischer Art gebaut ist der Baumburger Turm am Watmarkt, am besten von der Goliathstraße aus zu sehen. Der siebengeschossige, einst zinnenbekrönte Turm stammt aus dem Ende des 13. Jahrhunderts, war ursprünglich im Besitz der Ingolstetter und erhielt dann seinen Namen von den Baumburgern. Der fast 28 Meter hohe Turm ist mit einer Rundbogenlaube im ersten Obergeschoß und abwechselnden gotischen Fenstergruppen sehr reizvoll gegliedert. Rundbogenlauben, Loggien, waren nach italienischer Art auch bei Regensburger Patrizierhäusern beliebt. Offene Lauben wurden aber des Klimas wegen später geschlossen, und auch die Laube des Baumburgerturms mit Brüstung und zurückgesetzter, von drei Fenstern durchbrochener Wand war verbaut, wie unsere Aufnahme oben links zeigt, ebenso wie die reizvollen gotischen Fenstergruppen über der Laube zugemauert waren, wohl in einer Zeit, in der man das Gotische häßlich und barbarisch fand und es rücksichtslos beseitigte. 1914 wurden die Rundbogenlaube und die Fenstergruppen wieder freigelegt. Eine weitere gründliche Restaurierung des Turms fand im Jahr 1968 statt, so daß sich dieses besonders schöne und für Regensburg besonders kennzeichnende Gebäude heute wieder in unverfälschter Gestalt zeigt.

Kohlenmarkt

Dieser Platz im Herzen der Altstadt hieß bis zum 18. Jahrhundert einfach »Markt«. Später wurden hier Holzkohlen verkauft – daher der heutige Name.
Unser Bild Seite 42 oben zeigt den Kohlenmarkt im Jahr 1906 mit Blick in die Goliathstraße auf das Modehaus Schwarzhaupt, das damals einen Turmaufbau hatte; das ähnliche Bild Seite 42 unten ist aus dem Anfang der 20er Jahre. Das Bild Seite 43 oben links zeigt das Haus während des Umbaus zum heutigen Café Deutzer 1979, das Bild Seite 43 oben rechts den gegenwärtigen Zustand des Platzes mit Blick in die Goliathstraße.
Dieser Zustand – zum Zeitpunkt, als dieses Buch in Druck geht – wird sich aber alsbald ändern, da die Stadt einen Wettbewerb ausschrieb, in dem zu lesen ist: »Die Altstadt von Regensburg ist seit jeher städtebauliches und geschichtliches Zentrum und wichtiger zentraler Standort für Wirtschaft, Kultur, Verwaltung und Versorgung für die gesamte Region. Um dem besonderen Stellenwert des Planungsgebietes Altstadt gerecht zu werden, wurde in

den vergangenen Jahren ein Gesamtkonzept entwickelt, welches aus einem Verkehrsberuhigungskonzept und einem Gestaltungs- und Nutzungskonzept besteht. Das Verkehrsberuhigungskonzept ist heute in wesentlichen Teilen bereits realisiert. Parallel mußte ein Gestaltungs- und Nutzungskonzept erarbeitet werden. Vor allem sollte vermieden werden, daß die einzelnen Teilbereiche als isolierte Umbau-, bzw. Ausbaumaßnahmen geplant werden. Um dieses Ziel zu erreichen, wurde 1982 ein Wettbewerb ausgeschrieben. Insbesondere sollten detaillierte Vorschläge für den Bereich Kohlenmarkt, Rathausplatz und Haidplatz erarbeitet werden. Die Wettbewerbsergebnisse liegen vor, und der Stadtrat hat beschlossen, die mit dem ersten Preis ausgezeichnete Arbeit der Planungsgruppe Schneeberger, Hückmann & Röth der Ausführungsplanung zugrunde zu legen. Mit den Umbaumaßnahmen soll im Frühjahr 1984 begonnen werden.«
Obiges Zitat ist dem Brunnenwettbewerb für den Kohlenmarkt 1983/84 entnommen, den der Weidener Bildhauer Günther Mauermann mit dem nebenstehenden Modell gewann.

Altes Rathaus

Das Alte Rathaus ist in seinem Baubestand und in seinen Räumen selten rein erhalten. Es ist das originalste gotische Rathaus in Deutschland. Das Gebäude mit dem Reichssaalbau, das unsere Fotos zeigen, ist um 1350 errichtet. Im Giebel des fialengeschmückten Erkers findet sich zum ersten Mal das städtische Wappen der gekreuzten Schlüssel. Das reiche Portal mit den Wappenträgern – man nennt diese Wächterfiguren gerne Schutz und Trutz – stammt aus dem Jahr 1408. Durch dieses Portal führt das spätgotische Stiegenhaus zum Reichssaal. Er wurde nicht für Reichsversammlungen, sondern als Festsaal des Regensburger Patriziats errichtet, als Regensburg noch reich und mächtig war. Aber die Stadt war so berühmt und der Saal so groß und würdig, daß hier viele Reichsversammlungen stattfanden. Kaiser Karl V. berief drei Reichstage nach Regensburg ein, 1623 wurde hier Bayern zum Kurfürstentum erhoben, 1630 wurde auf Betreiben der Kurfürsten Wallenstein abgesetzt, und Johannes Kepler wollte als Gläubiger dreier Kaiser vorsprechen, wurde aber vom Tod ereilt, 1653 fand der erste glanzvolle Reichstag nach dem 30jährigen Krieg statt, schließlich der sogenannte Immerwährende Reichstag von 1663 bis 1806, bis zur Auflösung der Heiligen Römischen Reiches Deutscher Nation.

1974 war der Dachstuhl des Reichssaals einsturzgefährdet, und es erfolgte von 1974 bis 1976 eine gründliche Restaurierung mit über 1 Million DM Kosten, woran sich Regensburger Bürger mit 300 000 DM Spenden beteiligten. Die Reichssaal-Restaurierung löste nach eingehenden Untersuchungen eine Gesamtsanierung des ganzen Alten Rathauses aus, die seit Jahren in Gang ist und voraussichtlich 1986 zum Abschluß kommt.

Unser Bild Seite 44 oben zeigt den Reichssaalbau um 1910, als hier noch allerhand Ladengeschäfte eingebaut waren, unser Bild Seite 45 oben den jetzigen Zustand mit dem 1971 hier eröffneten Fremdenverkehrsamt. Unser Bild Seite 45 unten zeigt den Reichssaal nach der Restaurierung 1974/76.

Altmann'sches Haus mit Fechthof

Das Haus Neue Waaggasse 2 heißt in historischer Sicht noch heute das Altmann'sche Haus, weil es ein Hans Georg Altmann von Winzer, Regeldorf und Edelhausen von den mittelalterlichen Vorbesitzern erbte und 1607 an die Stadt verkaufte. Im 17. Jahrhundert wurde hier eine Fechtschule eingerichtet, und in der Bauamtschronik von 1652 heißt es: In der Altmännischen Behausung soll der Hof ausgeraumt werden, weillen denen Fechtern die Fechtschull daselbst zu halten Großgünstig verwilligt seye. Um 1700 war hier die städtische Hauptwache, von 1815 bis 1860 eine Gendarmeriekaserne, dann war das Haus Mietshaus. 1981 wurden das Haus mit dem Hof und die anschließenden Gebäude saniert, wobei in Angleichung an das anschließende Alte Rathaus ein Stufengiebel aufgebaut wurde. Das Haus beherbergt nun eine Kunstgalerie, ein Fotoatelier und Wohnungen. (Unsere Bilder zeigen das Haus vor, während und nach der Sanierung.)

Haus Silberne Kranzgasse 6

Die Sanierung dieses Hauses wurde unter dem Architekten des Städtischen Bauamts Rudolf Manhart im Sommer 1964 fertiggestellt. Der mittelalterliche Bau zeigt über dem Portal die Jahreszahl 1597. Er geht aber auf weit ältere Häuser zurück. Im Lauf des 18. und 19. Jahrhunderts wurde das Haus, wie es so vielen mittelalterlichen Gebäuden erging, verbaut und vernachlässigt. So wurden in der Eingangshalle Holzlegen und ein Waschhaus und durch Zwischenwände billige Wohnungen eingebaut. Heute tritt die Eingangshalle mit ihrer Fachwerkdecke wieder großzügig in Erscheinung. Einst waren anschließend auch Pferdestallungen, deren Futterkrippen nun im Hof reizvolle Blumenkästen sind. Das Haus hatte in der nachmittelalterlichen Zeit zehn Wohnungen in finsteren Löchern. Heute birgt es vier sehr schöne Wohnungen und eine Arztpraxis. (Unsere Bilder zeigen das Haus vor und nach der Sanierung und die freigelegte Eingangshalle.)

Das Runtingerhaus

Die Runtinger waren die reichsten Handelsherren im mittelalterlichen Regensburg, die reichsten Venediger, wie man die Fernkaufleute nannte, zeitweise sogar reicher als die Fugger von Augsburg. Die Familie erwarb 1367 das in der heutigen Keplerstraße befindliche Haus, das großartigste mittelalterliche Patrizierhaus Regensburgs (Bild Seite 48!). Es geht auf einen Turm um 1200 zurück, der um 1260, dann um 1330 mit Wohnbauten erweitert und schließlich von den Runtingern um 1400 vor allem mit einem 200 qm großen Festsaal großzügig ausgebaut wurde. Nach dem 16. Jahrhundert, als der Niedergang der Regensburger mittelalterlichen Wirtschaft eingetreten war, verfiel das Haus. Seine dramatische Wiederherstellungsgeschichte begann in den sechziger Jahren unseres Jahrhunderts. Zunächst sollte das Haus abgebrochen werden, blieb aber durch den unentwegten Einsatz des Stadtdirektors Dr. Walter Boll stehen, jedoch lange Zeit als Sanierungsruine verschrieen. Bis endlich das großartige Haus nach nimmermüden Anstrengungen eine neue Zweckbestimmung finden konnte und eine durchgreifende Sanierung mit einem Aufwand von 4 Millionen DM erfolgte. Das Foto links oben vom Januar 1977 zeigt das mittelalterliche Lagerhaus auf der Gegenseite zur Hauptfassade Baumhackergasse 6 während der Sanierung, das Foto oben rechts den fertigen Zustand des malerischen Innenhofes mit Brunnen.

Das Runtingerhaus beherbergt nun das Stadtarchiv, das vorher sehr unzureichend im Neuen Rathaus untergebracht war. Nunmehr stehen modern eingerichtete Magazinräume zur Verfügung. Die Archivbenützer finden gute Arbeitsbedingungen und einen geräumigen Lesesaal. Der größte Schatz des Stadtarchivs ist übrigens das »Runtingerbuch« mit Eintragungen von 1383 bis 1407, das bedeutendste deutsche Kaufmannsbuch des Mittelalters.

Im Runtingerhaus ist auch eine Außenstelle des Bayerischen Landesamtes für Denkmalpflege untergebracht, und der genannte Festsaal mit Nebenraum steht für Tagungen, Vorträge und Veranstaltungen, die zum Stil des Hauses passen, zur gelegentlichen Verfügung.

J.D. SEYBOTH

KREUZFAHRER

Am Weinmarkt – Keplerstraße

Am Weinmarkt wurde einst Wein angeboten, neben Salz das wichtigste Handelsgut, das auf der Donau nach Regensburg kam. Unsere Bilder Seite 50 zeigen den Weinmarkt mit unmittelbarem Eingang zur Keplerstraße um 1950 und heute, mit dem von Architekt Josef Naumann 1970/71 wiederaufgebauten Turm.

Die Keplerstraße hieß früher Donaustraße, wurde aber 1865 nach dem großen Astronomen benannt, der hier im Haus des Handelsmannes Hildebrand Billy starb, heute Kepler-Gedächtnishaus, und hier von 1626–28 seine Familie wohnen ließ. Dieses Keplerhaus, das unsere Bilder Seite 51 im früheren und im heutigen Zustand zeigen, ist ein wahres Musterbeispiel der Denkmalpflege und Sanierung. Das frühgotische Haus stand 1966 leer und drohte einzustürzen. 1976/77 wurde durch das Landesamt für Denkmalpflege und Architekt Karl Schmid die Sanierung durchgeführt, wobei Fassadenmalereien verschiedener Zeitabschnitte gefunden wurden, die für den süddeutschen Raum einmalig sind, und die frühgotische Bemalung schließlich freigelegt und wiederhergestellt wurde.

Fischmarkt – Goldene-Bären-Straße

Der Straßenzug zwischen Steinerner Brücke und Eisernem Steg, gleichlaufend zur Donau – Goldene-Bären-Straße, Fischmarkt, Keplerstraße, Am Weinmarkt – war bis 1486 ein wichtiger Verkehrsweg, der durch das heute im Herzogspark gelegene Prebrunntor nach Nürnberg führte. Der Fischmarkt spielte allfreitäglich mit Donaufischen aller Art früher eine große Rolle, jetzt leider nicht mehr, eigentlich nur noch am Karfreitag. Es ist aber in der Stadt, die glücklicherweise noch eine Reihe schöner Platzarchitekturen aufzuweisen hat, ebenfalls ein sehr schöner Platz, der durch die Sanierung der alten Häuser viel gewonnen hat. Unsere Fotos Seite 53 zeigen die Häuser während der Sanierung durch die Stadtbau GmbH 1977/78 und die 1979 fertiggestellten Gebäude.

Die Goldene-Bären-Straße wurde nach einem heute nicht mehr bestehenden Gasthaus benannt. Besonders reizvoll ist das Haus Nr. 1, eine mehrflügelige Anlage, dessen Fassade um 1800 sehr hübschen klassizistischen Schmuck erhielt. Unsere Aufnahme Seite 52 oben stammt aus dem Jahr 1929 und zeigt das Haus, als hier noch die Hufbeschlagschmiede mit Wagenbau von Josef Schlosser untergebracht war. Schlosser verkaufte das Haus an die Stadtbau GmbH, die unter Architekt Klaus Nikkelkoppe 1982 Fassade und Dach erneuern ließ, wie unsere Aufnahme Seite 52 unten zeigt. Das Haus hat eine uralte Schmiede-Tradition, da schon im 18. Jahrhundert hier die Schmiede Six bestand. Heute ist hier die Werkstätte eines Kunstschmieds.

TADTBAU GMBH
EGENSBURG
ING ERNST WATZEL
Fischmarkt jetzt nebenan
am Wiedfang

ALTE UNZ

Keplerstraße

Das zinnengeschmückte Turmhaus ist besonders kennzeichnend für die Regensburger Patrizierhäuser des Mittelalters, die nach italienischem Vorbild gebaut wurden. Es ist das »Haus zum blauen Hecht«, um 1500 im Besitz der Gravenreuther, dann der Schwöller, die einen blauen Hecht auf goldenem Grund im Wappen führten. Ende des 16. Jahrhunderts, als die Schwöller als Wirte erscheinen, heißt das Gasthaus »Zum blauen Hecht«, wovon noch ein reizendes Wirtshausschild Zeugnis gibt.
Neben dem Wohnhaus des Hauses »Zum blauen Hecht« schließt sich links das Haus an, das einst dem Handelsmann Hildebrand Billy gehörte und nun das Johannes-Kepler-Gedächtnis-Haus ist, weil Kepler hier 1630 starb und das Haus bedeutende Erinnerungen an den berühmten Astronomen und die Entwicklung der Weltsysteme zeigt. Unser Bild links oben zeigt die Häuserreihe 1957, rechts oben im heutigen Zustand, nachdem die Vorbauten abgebrochen und die Häuser saniert wurden.

Im Drießl ▷

Diese Gassenbezeichnung gibt es heute nicht mehr, wenn sie auch im Volksmund noch fortlebt. Sie leitete sich wohl vom lateinischen »thesaurus« ab, was Schatz oder Schatzkammer bedeutet, denn es ist höchstwahrscheinlich, daß hier die erste Regensburger Münzstätte war. Die Münze der einst so reichen Stadt Regensburg, der Weltstadt des Mittelalters, war überaus berühmt, so daß die Regensburger Münzen in ganz Europa bevorzugt eingewechselt wurden. Später wurde die Münzstätte verlegt, und in der nachmittelalterlichen Zeit verelendeten die Häuser, wurden zwar noch bis 1955 bewohnt (unser Bild Seite 55 oben!), dann aber wurden die Häuser mit Nummern 2, 4, 6 und 8 abgebrochen.
Auf dem freien Raum wurde ein Kinderspielplatz errichtet, und man blickt von hier aus in das Herz der Altstadtsanierung (unser Bild Seite 55 unten!), mit zwei stattlichen Turmhäusern der Keplerstraße und dem Sterbehaus Johannes Keplers.

Franz

Hinter der Grieb – Vor der Grieb

Der Name dieser beiden gleichlaufenden mittelalterlichen Gassenzüge im Herzen der Altstadt geht auf ein Bürgergeschlecht »in der Grub« zurück, das schon im 12. Jahrhundert erwähnt wird.
Hinter der Grieb ist das Gravenreuther-Haus von besonderer Bedeutung, eine aus dem 13. Jahrhundert stammende mächtige Vierflügelanlage mit zwei Türmen, die von 1381 bis 1530 der Familie Gravenreuther gehörte. Wie alle mittelalterlichen Patrizierburgen, wurde auch diese in der nachmittelalterlichen Zeit im Inneren verbaut und insgesamt vernachlässigt. Seit Gründung der Universität bestand die Absicht, das Haus zu einer Begegnungsstätte zwischen der Universität und der Stadt Regensburg zu machen. 1972 wurde dieser Plan in Angriff genommen, und es mußten vor der Sanierung, die im Auftrag der Universität schließlich 1975 begann, nicht weniger als einundzwanzig Familien umgesiedelt werden. Die Sanierung erfolgte unter Architekt Josef Naumann und erforderte Gesamtkosten von rund 5 Millionen DM.
Nun ist das alte Gravenreuther-Haus mit seiner auffallend schönen Fassade, die durch frühgotische Fenstergruppen und einen erkerartigen Vorbau geschmückt ist, das »Haus der Begegnung«, das vierzehn Wohnungen für Gastprofessoren, ferner mehrere Vortragsräume, das Altstadtcafé und den Altstadtkeller enthält. Unsere Bilder Seite 56 oben zeigen Hinter der Grieb im Jahr 1929 (links) und im heutigen Zustand (rechts), unten den Hofraum vor der Sanierung 1975 (links) und im heutigen Zustand (rechts).
1978 sah der Durchgang Vor der Grieb zur Unteren Bachgasse noch so aus wie auf unserem Bild Seite 57 unten links, während er heute sauber und malerisch ist, wie das rechte Bild zeigt.
Seit 1983 werden auch im Auftrag des Studentenwerks die Gebäude Vor der Grieb, wiederum nach Plänen von Architekt Josef Naumann, saniert und hier, gefördert durch Bund und Land und aus Mitteln der Städtebauförderung, ein Studentenwohnheim errichtet.

Haidplatz mit Haus zum goldenen Kreuz und Thon-Dittmer-Palais

Der Haidplatz ist einer der schönsten Plätze Regensburgs und Stätte vieler großer Ereignisse der Stadtgeschichte und -sage. Der alte Name »Auf der Hayd« bedeutet, daß hier einst ein freier Platz war, wo wahrscheinlich schon zur Römerzeit Schaustellungen und im Mittelalter Turniere stattfanden. Auch der berühmte sagenhafte Zweikampf zwischen dem Regensburger Ritter Heinz Dollinger und dem heidnischen Hunnen Krako soll nach den alten Darstellungen hier vor sich gegangen sein.

Die Nordseite des Platzes beherrschen zwei mächtige Gebäude, das Haus zum goldenen Kreuz und das Thon-Dittmer-Palais. Unsere Fotos zeigen sie Seite 58 nach der Jahrhundertwende und Seite 59 im heutigen Zustand.

Das Haus zum goldenen Kreuz war vom 16. bis zum 19. Jahrhundert Gasthof ersten Ranges, Fürstenherberge, Grand Hotel. Kaiser Karl V. hatte hier sein Hoflager während der Reichstage. Hier spielte sich 1546 auch die Liebesbegegnung zwischen dem Kaiser und dem schönen Regensburger Bürgermädchen Barbara Blomberg ab, die dem Kaiser einen Sohn gebar, der als Don Juan de Austria 1571 in der Seeschlacht von Lepanto die Türken vernich-

tend schlug. Seine heutige Gestalt erhielt das Haus zum goldenen Kreuz 1862, als es das Grand Hotel Regensburgs des 19. Jahrhunderts wurde, und 1865 wurde über dem Eingang das Don-Juan-Relief angebracht. Im ersten Stock des Hauses findet sich der Kaisersaal mit barockem Stuckdekor, im Rückgebäude der einstige Gesellschaftssaal mit gefedertem Tanzboden und Deckengemälde im Jugendstil. In diesem Haus eröffnete auch das erste Kino Regensburgs 1907. Es birgt heute ein Café, eine Kunstgalerie und Geigenbauwerkstätte.

Das Thon-Dittmer-Palais geht auf zwei Patrizierhäuser des 14. Jahrhunderts zurück, die Anfang des 19. Jahrhunderts der Salz- und Finanzmagnat Georg Friedrich von Dittmer erwarb, der sich vom hinterpommerschen Handelslehrling zum Millionär emporgearbeitet hatte. Er ließ die Häuser zusammenschließen, umbauen und schließlich durch den fürstbischöflich Dalberg'schen Baumeister Emanuel d'Herigoyen mit einer klassizistischen Fassade versehen. Später ging das Haus auf die Familie Thon über, die ihren Namen mit Dittmer zusammenschloß – deshalb die Bezeichnung. Als nach dem Tod Dittmers 1811 die Handelsgeschäfte einen Niedergang erlitten, wurde das Haus Mietshaus und ging 1856 in den Besitz der Stadt über. Es wurden Schulen eingerichtet, und

1904 zog die Feuerwehr ein, wobei Fahrzeuggaragen größere Umbauten nötig machten. Unser Bild Seite 60 oben zeigt den Hof des Gebäudes vor der Sanierung mit dem bis zur Baufälligkeit vernachlässigten Rückgebäude, unser Bild Seite 60 unten den Hof während der Sanierung des Hauses, die 1975 begann und 1981 ihren Abschluß fand, wobei nicht nur die Arkaden des Westtrakts geöffnet, sondern auch der Nordtrakt völlig neu gebaut und mit Arkaden versehen wurde, um ein harmonisches Ganzes zu schaffen, einen Hofraum als Idealraum für Freiraumtheater und -konzertaufführungen, wie unser Bild Seite 61 zeigt.

Den Plan für ein Bildungs- und Begegnungszentrum im Thon-Dittmer-Palais und dessen bauliche Verwirklichung legte 1972 Kulturdezernent Dr. Bernd Meyer vor. So beherbergt heute das Haus das Städtische Kultur- und Fremdenverkehrsamt, die Zentralbibliothek der Stadtbücherei mit Musikbibliothek, die Volkshochschule mit Hörsälen, Ausstellungshalle, Gymnastikraum und Verwaltungsräumen, das Amt für Außerschulische Bildung, das Deutsch-Amerikanische Institut, das Theater am Haidplatz, die Kontaktstelle für Behinderte und Nichtbehinderte, das Büro des Seniorenbeirats – und weitere Einrichtungen sind in der Planung.

TAXI

◁ *Haus zur Neuen Waag*

Das gotische Patrizierhaus, eine Vierflügelanlage mit Turm, Wohnbau, Nebengebäuden und einem malerischen Renaissance-Innenhof, gehörte ursprünglich der Familie Altmann. Es wurde 1441 von der Stadt erworben, die zunächst die Stadtwaage hierher verlegte, dann auch die Herrentrinkstube einrichtete, weshalb das Haus auch Herrentrinkstube zur Neuen Waag heißt. Schließlich ließ die Stadt 1782 einen durch zwei Geschosse reichenden Saal einbauen, um hier die reichsstädtische Bibliothek unterzubringen, von der viele wertvolle Bestände der Staat übernahm, als Regensburg 1810 zu Bayern kam. Unsere Aufnahme Seite 62 oben zeigt das Haus in ziemlich schlechtem Zustand um 1935, bevor es 1940 der Staat übernahm. Es wurde im Zweiten Weltkrieg 1944 durch Bomben beschädigt, die große Teile des Daches zerstörten, 1958/60 aber erneuert, wie unser Bild Seite 62 unten zeigt. Ein Durchgang, in dem auch die Haustafel angebracht ist, läßt durch ein Musik- und Teppichgeschäft den Blick frei in die ehemalige gotische Hauskapelle und in den Renaissance-Innenhof.

Arnulfsplatz

Arnulfsplatz und Bismarckplatz hingen vor dem Bau des Stadttheaters 1803 zusammen und hießen Oberer und Unterer Jakobsplatz. Am Arnulfsplatz ist als Haus Nr. 3 die Brauerei Kneitinger mit ihrem zünftigen Lokal, die bis heute mit den Großbrauereien wetteifern kann. Das anschließende Haus Nr. 4, im Besitz der Stadt, ist im Kern spätgotisch, wurde 1830 neugotisch gestaltet und 1979 erneuert, so daß nunmehr der zuerst unter dickem Putz verborgene hölzerne Erker wieder aufs beste zur Geltung kommt. In diesem Haus war früher das Varieté-Theater Velodrom, wo auch die ersten Filmvorführungen in Regensburg stattfanden. In den dreißiger Jahren wurde hier das Filmtheater Capitol eingebaut, 1975 beim Bau der Tiefgarage geschlossen. Im Haus Nr. 6 war einst die Brauerei Emslander, heute Wienerwald-Gaststätte, von wo aus der Schriftsteller Ludwig Bemelmans als Junge die fürstlichen Theaterwagen beobachtete, die der Kutscher während der ganzen Vorstellung um das Springbrunnenrondell herumfahren mußte, das früher den Platz zierte (oberes Bild).

Das Jakobstor

Es heißt heute immer noch Jakobstor, obwohl es eigentlich kein Tor mehr ist. Vom alten Tor stehen nur noch die beiden Rundtürme, weitgehend verändert und mit Fußgängerdurchgängen versehen (Bild oben!).
Das mittelalterliche Tor – urkundlich erstmals 1301 erwähnt – war eines der westlichen Stadttore. Vor dem Tor verlief der Stadtgraben, über den vom Tor aus eine Brücke führte. Später wurde die Mauer zwischen den beiden Seitentürmen samt der Toröffnung abgebrochen, 1828 aber im Stil der Neugotik wieder aufgebaut. Um 1900 war diese Mauer mit dem Tor noch vorhanden (Bild unten!) – bis 1903, wo es der Streckenführung der Straßenbahn weichen mußte.

Kunsthalle – Ostdeutsche Galerie ▷

Zur hundertjährigen Wiederkehr des Anschlusses der ehemaligen Reichsstadt an Bayern wurde in Regensburg 1910 die Oberpfälzische Kreisausstellung veranstaltet. Die Ausstellungshalle mit Turm und das Café-Restaurant mit Musikpavillon (Bild Seite 65 oben!) sind im Lauf der zwanziger Jahre abgebrochen worden.
Stehen geblieben ist die Kunsthalle, ein Bau spätklassizistischer Form mit Jugendstildekorationen, die Kuppel gekrönt von der Göttin Athene (Bild Seite 65 Mitte!). 1959 nahm die Kunsthalle die Sudetendeutsche Galerie auf. Unter Dr. Walter Boll kam es zu der von der Bundesrepublik, allen Bundesländern und der Stadt Regensburg getragenen Stiftung Ostdeutsche Galerie. 1968/69 erfolgte nach dem Entwurf von Architekt Josef D. Rüth der moderne Erweiterungsbau, und 1970 wurde die Ostdeutsche Galerie eröffnet (Bild von der Parkfront Seite 65 unten!). Der Anfangsbestand von 3000 Werken konnte auf über 20 000 Werke erweitert und 1981 der neue Graphiktrakt eröffnet werden – nunmehr eine Sammlung von überregionaler Bedeutung, die sich die Pflege des künstlerischen Erbes der ehemaligen deutschen Ostgebiete zum Ziel gesetzt hat.

Oberpfälzische Kreisausstellung.
Kunsthalle.

Regensburg
Bismarckplatz

Bismarckplatz

Dieser Platz, der 1885 nach dem Kanzler des deutschen Kaiserreiches benannt wurde und früher Oberer Jakobsplatz hieß, sollte eigentlich nach Carl von Dalberg seinen Namen haben, denn zwei Bauten dieses Fürsten, der Regensburg von 1804 bis 1810 regierte, geben dem Platz sein Gesicht: das sogenannte Präsidialgebäude und das Stadttheater. Das Präsidialgebäude wurde von Dalbergs Hofbaumeister Emanuel von Herigoyen 1805 als Palais für den französischen Gesandten errichtet und ist, ursprünglich erhalten, mit seiner Monumentalfassade, der ein fünfachsiger Portikus vorgesetzt ist, das schönste klassizistische Gebäude Regensburgs.

In Verbindung mit dem Bau einer Tiefgarage wurden am Bismarckplatz 1976/77 vom Bayerischen Landesamt für Denkmalpflege unter Leitung von Dr. Udo Osterhaus Ausgrabungen durchgeführt, die bedeutende Funde aus spätrömischer und aus der frühbayerischen Zeit des 6. Jahrhunderts zutage brachten. Unsere Bilder zeigen Seite 66 oben den Bismarckplatz um 1910, unten zur Zeit der Ausgrabungen, und auf Seite 67 in seiner Neugestaltung, die 1982 abgeschlossen wurde.

STADT-THEATER

Stadttheater

Als Theater- und Gesellschaftshaus wurden die Neuhaussäle und das Stadttheater unter Fürstprimas Carl von Dalberg 1803 nach den Plänen seines Baumeisters Emanuel von Herigoyen errichtet und 1804 eröffnet. Als Regensburg 1810 zu Bayern kam, übernahm der Staat das Theater als Königliches Nationaltheater, wobei aber die Zuschüsse nicht dem hochtrabenden Titel entsprachen, sondern die Direktoren das Theater bald auf eigene Rechnung, als »Privatwirthe«, wie es damals hieß, betreiben mußten. Am 18. Juli 1849 wurde das Theater durch einen Großbrand vernichtet. Durch eine Bürgerinitiative wurde unter Baurat Karl Viktor Keim auf den Grundmauern des zerstörten Theaters unter wesentlicher Beibehaltung der Pläne Herigoyens 1851 ein neuer Musentempel errichtet und bereits am 12. Oktober 1852 eröffnet. 1859 wurde das Theater Stadttheater, heute Städtische Bühnen Regensburg, da auch die Podiumbühne, heute Theater am Haidplatz, angeschlossen wurde.
Das Theater hatte früher, wie unser Foto Seite 68 oben zeigt, eine offene Durchfahrt vom Bismarckplatz zum Arnulfsplatz, wo die Fürstlich Thurn und Taxis'schen Theaterwagen einfuhren und die Fürstlichkeiten dann aus der Kutsche steigend über einen roten Teppich zur Fürstenloge im Ersten Rang schritten. Die Durchfahrt wurde in den 30er Jahren geschlossen, wie unser Foto Seite 68 unten aus dem Jahr 1942 zeigt.
Ab 1960 gab es lebhafte Auseinandersetzungen, ob das unter Denkmalschutz stehende Theater nach und nach saniert oder durch ein neues Haus an anderer Stelle ersetzt werden sollte, bis schließlich 1962 die Beibehaltung des historischen Theaters beschlossen wurde. Von 1963–70 wurden laufende Verbesserungen im baulichen und bühnentechnischen Bereich durchgeführt, 1971 das Foyer erweitert, 1981 erfolgte die Anbindung an die Tiefgarage, 1982 eine umfassende Fassadenrenovierung in neuer Farbgebung, 1983 wurde ein neues Bühnenlicht-Stellwerk geschaffen, und für 1985 ist eine Neugestaltung der Neuhaus-Passage vorgesehen. Alle Maßnahmen wurden und werden unter Leitung von Baudirektor S. Messmer nach Plänen von Architekt J. D. Rüth durchgeführt. Unser Foto Seite 69 oben zeigt das Theater am neugestalteten Bismarckplatz.

Mittelbayerische Druckerei- und Verlagsgesellschaft

Die »Mittelbayerische Zeitung« wurde nach dem Zweiten Weltkrieg auf den Trümmern des nationalsozialistischen Gauverlags »Bayerische Ostmark« errichtet. Ihr Gründer war Karl Friedrich Esser (1880–1961), ein gebürtiger Pfälzer, der 1910 als Administrator der Dörnbergstiftung nach Regensburg kam und nach seiner politischen Verfolgung im Dritten Reich 1945 wieder nach Regensburg zurückkehrte. Die Schwierigkeiten der neuen Zeitungsgründung waren überaus groß: Arbeit in bombengeschädigten Räumen mit zum Teil demontierten Maschinen, unzureichende Stromversorgung und regelmäßige Stromsperren, wozu noch das Personalproblem kam, da im amerikanischen Besatzungssektor überstrenge Maßstäbe angelegt wurden. Gleichwohl erschien die »MZ« erstmals am 23. Oktober 1945 als fünfte Zeitung in der amerikanischen Besatzungszone Bayerns. 1949 wurde der Verlag in die GmbH-Form gebracht. Um diese Zeit erschienen auch die ersten Bücher des Verlags, der bis heute Regensburg- und Ostbayern-Literatur pflegt. Später kamen der Vierfarben-Buchdruck, dann der Offsetdruck hinzu, 1965 der Computersatz, der erste mit deutschem Sprachprogramm überhaupt, und in den 70er Jahren erfolgte die Umstellung auf Lichtsatz. Neben der »MZ« wird in der Druckerei auch die Regensburger Wochenzeitung »Die Woche« hergestellt.

Die Neubauten der Druckerei und des Verlags wurden durch die Planungsgruppe der Architekten Karl Schmid, Peter Mehr, Ludwig Eckl, Regensburg erstellt, im 1. Bauabschnitt 1979/80 Eckgebäude Kumpfmühler/Margaretenstraße mit Büroräumen, Redaktion, Anzeigenannahme, Kantine, im 2. Bauabschnitt 1981/83 an der Kumpfmühlerstraße mit Rotation, wobei die Druckmaschinen auf eigene Pfahlgründung gestellt wurden. Die Konstruktion ist Stahlbeton/Skelettbauweise mit Stahlbetonmassivdecken, außen Klinkermauerwerk, eloxierte Aluminiumfassadenelemente, 3fach Isolierschallglas, Sonnenschutz-Außenjalousetten.

Regensburg
St. Emmerausplatz

Emmeramsplatz

Die Basilika Sankt Emmeram und die Gebäude der Regierung der Oberpfalz beherrschen den Emmeramsplatz. Ehemals schmückte den Platz auch das Denkmal für Bischof Michael Sailer (Foto Seite 72 oben!), das aber während des Zweiten Weltkrieges der Anlage eines Löschteichs weichen mußte und – wie das Denkmal König Ludwigs I. vom Domplatz – in die Bahnhofsallee versetzt wurde (Foto Seite 72 unten: Emmeramsplatz heute).
Die Basilika Sankt Emmeram ist die älteste christliche Kulturstätte Regensburgs, Grablege von Heiligen und Fürsten, deren Bau und Ausstattung einen Stilbogen von 1300 Jahren umspannen. Der Hauptbau des Regierungsgebäudes an der Westseite des Platzes (Foto Seite 73 oben, Gebäudetrakt links) gehörte ursprünglich dem Kloster Sankt Emmeram. Von 1792 bis 1812 beherbergte er die Hofhaltung der Fürsten von Thurn und Taxis. Der fürstliche Baudirektor Joseph Sorg gab damals dem Bau seine heutige Form mit der stukkierten Ostfassade. Das Gebäude wurde 1982 neuerdings restauriert. Der Regierungsbau an der Nordseite des Platzes (Foto Seite 73 oben, Gebäudetrakt rechts) ist ein Werk des Fürstbischöflich Dalberg'schen Baumeisters Emanuel d'Herigoyen.

Fürstlich Thurn und Taxis'sches Schloß

Die Ahnen der Fürsten von Thurn und Taxis haben zu Beginn des 16. Jahrhunderts die ersten fahrplanmäßigen Post- und Reiseverbindungen ins Leben gerufen, die jedermann zur Verfügung standen. Durch dieses großartige Verkehrsunternehmen wurden die Thurn und Taxis Postmeister Europas und Fürsten.
Zuerst in Brüssel, dann in Frankfurt angesiedelt, kamen die Thurn und Taxis 1748 nach Regensburg, als Fürst Alexander Ferdinand Prinzipalkommissar, Vertreter des Kaisers, am Immerwährenden Reichstag wurde. Die Hofhaltung wurde zunächst im Freisingerhof am Emmeramsplatz errichtet, dann in ein Gebäude der Abtei Sankt Emmeram verlegt. 1808 übernahm das Haus Taxis das ganze durch die Säkularisation freigewordene Kloster. Der Neubau des südlichen Klosterflügels als turmgeschmücktes und in einem weiträumigen Park gelegenes Schloß im Stil der Neurenaissance wurde unter Fürst Maximilian Karl, geleitet von Oberbaurat Max Schultze, 1888 fertiggestellt (Bild Seite 75!). Die Innenräume des Schlosses, darunter Repräsentations- und Gasträume, wie Thronsaal, Fest- und Tanzsaal, Spiegelzimmer, Grüner und Gelber Salon, bergen verschiedenartige Kunstwerke, darunter so bedeutende wie die Brüsseler Gobelins mit Szenen aus der Geschichte des Fürstenhauses. In der ehemaligen Klosterbibliothek, heute Hofbibliothek, wurden in jüngster Zeit Fresken von Cosmas Damian Asam aufgedeckt (Bild Seite 74!). Die private Hofbibliothek besitzt über 215 000 Bände und 5000 Bände in modernen Lesesälen und steht jedermann kostenlos zur Verfügung.

Obere Bachgasse. Der Portalrahmen der einstigen romanischen Hauskapelle bleibt – die Ladengeschäfte wechseln

Kreuzkapelle im Bach

Durch die Obere und Untere Bachgasse floß einst in der Mitte der Altstadt offen der Vitusbach, bis er 1837 überdeckt wurde. Noch heute bilden die Bachgassen einen geraden Straßenzug, der die Altstadt teilt, westlich in die obere, östlich in die untere Stadt, wie es bis in die zwanziger Jahre unseres Jahrhunderts noch Sprachgebrauch bei den alten Regensburgern war.

Im mittelalterlichen Regensburg hatte neben den vielen Kirchen – Dom, Pfarrkirchen, Stifts- und Klosterkirchen – jedes Patrizierhaus seine eigene Hauskapelle. Eine Chronik berichtet sogar von 365 Kapellen, eine andere vom immerwährenden Glockenläuten in Regensburg, »weilen vor alters allhier durch die Geistlichkeit der ganzen Stadt perpetuus chorus, ein immerwährender Gottesdienst bei Tag und Nacht, früh und spät gehalten worden; also, wo man in einer Kirche aufgehört, hat man gleich in der anderen mit der Glocken das Zeichen gegeben und aufs neue Gott zu loben angefangen«.

Viele Hauskapellen sind mit der Zerstörung, oder, wenn sie glücklicherweise erhalten blieben, mit der Zweckentfremdung dieser Häuser verbaut worden. Etliche Reste von solchen Kapellen sind durch die Jahrhunderte unverändert stehen geblieben, manche Kapellen wurden wiederentdeckt und restauriert und bilden, freilich längst profaniert, besonders schöne Räume in den sanierten Häusern.

Zu einer wahren Merkwürdigkeit wurden die Überbleibsel der einstigen Kreuzkapelle im Bach: In der heutigen Oberen Bachgasse findet man das Portal dieser romanischen Kapelle aus der zweiten Hälfte des 12. Jahrhunderts als Schaufensterumrahmung. Augenfällig sind die sehr verschiedenen Säulenkapitelle: Das rechte stellt ein Fabeltier mit abstehenden Ohren im Kampf mit zwei kleinen Drachenwesen dar, wobei das Untier mit seinen Pfoten die Schwänze der Drachen umklammert, die ihrerseits auf den Kopf des Untiers einbeißen. Das linke zeigt ein niedliches Hasenköpfchen, von Blättern umgeben. Übrigens sind auch das Gewände des Portals mit Rundbogenband und die Leibung mit Palmettenband sehr hübsch gebildet. Die Kapelle, etwa gleichzeitig mit der berühmten Schottenkirche Sankt Jakob entstanden, urkundlich aber erst 1354 erstmals erwähnt, wurde, da sie zur Domdechantei gehörte, erst 1807 säkularisiert, und ihre Umfassungsmauern sind noch heute vollständig erhalten. Die Kreuzkapelle im Bach ist wohl das merkwürdigste, aber nur ein Beispiel von vielen.

Katholisches Diözesanzentrum

Im Bereich der ehemaligen Obermünsterkirche und des ehemaligen Bischöflichen Knabenseminars Obermünster wurde von 1969 bis 1972 das Diözesanzentrum mit Bischöflichem Zentralarchiv und Bischöflicher Zentralbibliothek errichtet.
Die Obermünsterkirche wurde am 13. März 1945 durch Bomben zerstört, die einzige Kirche Regensburgs, die dem Zweiten Weltkrieg zum Opfer fiel (siehe unter: Verlorene Bauten!).
Das Bischöfliche Knabenseminar Obermünster in den ursprünglich mittelalterlichen Gebäuden des einstigen adeligen Damenstifts Obermünster wurde 1930 durch Um- und Ausbauten verändert. Das Säulenportal trägt die Jahreszahl. Das Gebäude wurde im Zweiten Weltkrieg bei dem erwähnten Bombenangriff nur beschädigt. Bis 1969 beherbergte es weiterhin das Knabenseminar Obermünster, das nun unter dem Namen Westmünster eine neue Heimstätte am Weinweg 31 gefunden hat. Nach 1969 nahm das Knabenseminar-Gebäude noch das Kinderheim Sankt Leonhard auf, bis schließlich die Neubauten erfolgten.

Der Neubau der Bischöflichen Zentralbibliothek und des ebenerdigen Verbindungsbaus zum früheren Knabenseminar-Gebäude wurde durch das Regensburger Architekturbüro Gerhard Prell mit den Architekten Rudolf Hohenthanner und Werner Ferstl bewerkstelligt. Unter Bischof Rudolf Graber fand die Eröffnung des Bischöflichen Zentralarchivs am 1. Mai 1971, die Eröffnung der Bischöflichen Zentralbibliothek am 27. Oktober 1972 statt. Im Bischöflichen Zentralarchiv sind unter anderen bedeutenden Beständen auch die für historische Forschungen, insbesondere für Familienkunde wichtigen Kirchenbücher aus der ganzen Diözese gesammelt und jedermann zugänglich. In der Bischöflichen Zentralbibliothek ist auch die berühmte Proske'sche Musiksammlung zu finden. Im Diözesanzentrum sind verschiedene katholische Verbände untergebracht, außerdem kirchliche Dienststellen, und es dient als Tagungs- und Bildungshaus. (Unsere Abbildungen zeigen Seite 78 oben links den Eingang zur Obermünsterkirche vor der Zerstörung, rechts den heutigen Zustand, Seite 78 unten die Bischöfliche Zentralbibliothek mit Verbindungsbau zum ehemaligen Knabenseminar-Gebäude am Petersweg, Seite 79 oben den Arbeitssaal von Archiv und Bibliothek.)

Evangelisches Haus der Kirche

Die Tradition des Hauses der Kirche geht auf das Gymnasium poeticum und auf die Alumnenanstalt der evangelischen Freien Reichsstadt zurück. Beide wurden in der Reformationszeit gegründet.
Das Gymnasium poeticum befand sich im Gebäudeteil der heutigen Staatlichen Bibliothek in der Gesandtenstraße, wo noch die Inschrift über dem Eingang zu lesen ist: MUSARUM EVANG. DOMICILIUM, was mit Wohnstatt evangelischen Geisteslebens zu übersetzen wäre. Aus dem Gymnasium poeticum sind im 17. und 18. Jahrhundert bedeutende Persönlichkeiten hervorgegangen: Der Publizist und Historiker Johann Georg Schleder (um 1610–1689), Georg Greflinger (nach 1618–1677), der ab 1665 in Hamburg den »Nordischen Mercurius« herausgab, Johann Beer (1655–1700), der aus Oberösterreich stammende Verfasser barocker Romane, auch Melchior Grimm (1723–1807), der im Kreis der französischen Enzyklopädisten berühmt wurde.
Das mit dem Gymnasium poeticum verbundene Alumnenheim, durch Stiftungen evangelischer Bürger der Freien Reichsstadt errichtet, war zunächst für mittellose Schüler bestimmt, für die Alumnen, die bei Gottesdiensten, Trauungen und Beerdigungen singen mußten, auch als Kurrendesinger in den Bürgerhäusern mit der Sammelbüchse umherzogen.
Das reichsstädtische Gymnasium poeticum bestand bis 1811. Nachdem Regensburg zum Land Bayern gekommen war, wurde es bis 1875 – als das Gymnasium unter König Ludwig II. am Ägidienplatz errichtet wurde – Paritätisch königlich-bayerisches Gymnasium, da es auch das katholische Jesuitengymnasium St. Paul mit aufnahm. Als das Gymnasium zum Ägidienplatz umzog, nahm das Land Bayern das Gebäude an der Gesandtenstraße ganz in Besitz, überließ aber dessen Ostteil Am Ölberg dem Alumneum zur weiteren Nutzung. Schon 1843 war die Umbildung der Alumnenanstalt zu einem Erziehungsheim für auswärtige Schüler erfolgt, und der eigentliche Alumnendienst trat nun in den Hintergrund. 1897 wurde der Gebäudeteil des Alumneums vom Staat der »Protestantischen Alumneumsstiftung« zurückgegeben, die 1902 durch den bekannten Architekten German Johann Georg Bestelmeyer (1874–1942) den Neubau (Fotos Seite 80!) errichten ließ. Über dem Portal, eingerahmt von den Halbstandbildern Luthers und Melanchthons, findet sich in goldenen Lettern die Inschrift »Protestantisches Alumneum«.
Das Alumneum wurde 1967 geschlossen, zeitweise von der Regensburger Universität und von der Staatlichen Finanzverwaltung genutzt, bis es 1978 die Landeskirche und die Protestantische Alumneumsstiftung käuflich erwarben, um das Haus der Kirche zu verwirklichen. Unter Dipl.-Ing. Architekt Rudolf Hohenthanner wurde das unter Denkmalschutz stehende Haus in einer Bauzeit von zwei Jahren sorgfältig restauriert und im Innern nach teilweise neuer Raumeinteilung und mit neuen Haustechniken ausgebaut. Im Vorraum hat sich Architekt Bestelmeyer, der u. a. auch das Germanische Nationalmuseum in Nürnberg baute, verewigt (Bild Seite 81!).
Das Haus der Kirche wurde am 3. Februar 1984 eröffnet. Hier sind nun Räume für die Evangelische Studentengemeinde und für Industriejugend- und Berufsschülerarbeit, für das Evangelische Bildungswerk und das Evangelische Büro, für eine Außenstelle des Nürnberger Landeskirchenarchivs und für das Kirchensteueramt. Drei mittlere Säle und ein kleinerer Raum stehen für Veranstaltungen zur Verfügung, und im dritten Obergeschoß findet sich eine schöne Hauskapelle mit Fenstern in wertvoller alter Glasmalerei.

Schwarze-Bären-Straße

Der ehemalige freie Platz im Bereich der Schwarze-Bären-Straße und Kapellengasse, den unser obiges Foto zeigt, gehörte einst zur sogenannten Kapellenfreiheit, ein Gebiet, das dem Kollegiatstift Alte Kapelle gehörte und nicht der Rechtsprechung der Stadt unterstand. Es gab gerade im alten Regensburg in Verbindung mit dem Hochstift des Bischofs und im Zusammenhang mit den vielen Stiften und Klöstern eine ganze Anzahl solcher »Freiheiten«.

Das auffallend schöne Fachwerkhaus, auffallend eben in Regensburg, wo sonst keine Fachwerkhäuser üblich sind, gehörte schon immer und gehört auch heute noch dem Stift Alte Kapelle. Dieses Haus Kapellengasse 6 geht auf die Zeit der Gotik zurück und wurde in der Zeit des Barock umgebaut. Die Fachwerkbauweise in alter Form wurde Anfang des 20. Jahrhunderts der Brandgefahr wegen nicht mehr genehmigt und so das Haus 1905 durch den Architekten Karl Frank umgebaut, so daß es seine heutige Form erhielt. Später wurden auch noch, um das Haus gut zu nützen, Ladengeschäfte eingebaut.

In diesem Haus wohnte – da es ja seit je ein Kanonikerhaus des Stifts Alte Kapelle war – der Kanonikus Dr. Carl Proske (1794–1861), den man den Vater der Regensburger Domspatzen nennen kann, da er durch seine in Italien zusammengeholte Musiksammlung alter Meister die Grundlage für den Cäcilienverein und die Kirchenmusikschule schuf (siehe Diözesanzentrum Seite 78/79).

Ecke Schwarze-Bären-Straße/Schäffnerstraße (heute Am Brixener Hof) wurde 1907 die Filiale der Reichsbank durch Architekt Friedrich Niedermayer erbaut (Foto Seite 83 oben, um 1910), heute die Landeszentralbank in Bayern (Foto Seite 83 unten).

Reichs-Bank

Fußgängerzone
Lieferverkehr
im Schritt-Tempo
frei von
Fußgänger haben Vorrang

Synagoge – Jüdisches Gemeindezentrum

Nach der Zerstörung Jerusalems durch Titus im Jahr 70 n. Chr. kamen Juden im Gefolge der Römer als Händler und Sklaven auch nach Regensburg. So ist die jüdische Gemeinde Regensburgs eine der ältesten in Deutschland und blickt auf eine über tausendjährige Geschichte zurück.

Die mittelalterliche Synagoge im Herzen des Ghettos stand im Mittelpunkt der Stadt anstelle der heutigen evangelischen Neupfarrkirche. Es war ein Prunkbau, der im Innern gotische Formen zeigte, während die Fassade bereits Stilelemente der Frührenaissance aufwies. Albrecht Altdorfer hat uns diese Synagoge in Zeichnungen überliefert. 1519 wurden die Juden ausgetrieben. Sie zerstörten selbst das Innere ihrer Synagoge, die Christen brannten den Bau nieder. Hebräische Grabtafeln vom jüdischen Friedhof des Mittelalters sieht man noch heute da und dort in Häusern Regensburgs eingemauert.

Später hatten die wieder nach Regensburg zugewanderten Juden einen Betsaal Hinter der Grieb, dann seit 1841 in der Unteren Bachgasse, der aber 1907 baufällig wurde. Obgleich Bayern als letztes deutsches Land 1872 den Juden Gleichberechtigung gab und gleichzeitig sich schon seinerzeit der Antisemitismus regte, waren die gesellschaftlich durchaus eingegliederten Regensburger Juden zuversichtlich und planten den Neubau einer Synagoge, zumal die Stadt 1901 einen Platz zur Verfügung stellte. So erstand, wie das Bild oben links zeigt, unter den Architekten Koch und Spiegel ein sehr bedeutender ovaler Kuppelbau mit zwei seitlichen Türmen, eine hervorragende architektonische Selbstdarstellung der jüdischen Gemeinde Regensburgs, wobei der Innenraum mit Marmor, Stuck und Holz prächtig ausgeschmückt war und Platz für 290 Männer und 180 Frauen bot. Die feierliche Einweihung dieser Synagoge fand am 29. August 1912 statt.

Unter der nationalsozialistischen Regierung wurde sie in der sogenannten Reichskristallnacht vom 9. auf 10. November 1938 zerstört. Diese Zerstörung wurde vorbereitet durch das Reichsgesetz vom 26. April 1938 »über die Registrierung des im In- und Ausland befindlichen beweglichen und unbeweglichen jüdischen Vermögens«, und nachdem bereits die Zerstörungen der großen Synagogen in München am 9. Juni 1938 und in Nürnberg am 10. August 1938 vorangegangen waren, wurden in der Kristallnacht in ganz Deutschland 101 Synagogen durch Brand vernichtet, 76 schwer beschädigt und gleichzeitig 7500 jüdische Geschäfte zerstört.

Auf dem Grund der zerstörten Regensburger Synagoge wurde von den Architekten Bert und Isabell Ruf der neue Gemeindesaal erbaut und am 29. Januar 1971 (zum jüdischen Neujahrsfest 5729) eröffnet. Der Raum, der als Synagoge und für Veranstaltungen genutzt werden kann, faßt 120 Personen. Im Vorraum zeigt eine Kupferwand von Franz Weichmann den »Auszug aus Ägypten«, und im Saal selbst ist die Geschichte der Regensburger Juden und deren Schicksal in Bild- und Schrifttafeln eindringlich dargestellt. Im Vorraum nebenan schließt das Gemeindehaus an, worin sich das Rabbinat, die Verwaltung, ein rituelles Bad und ein Clubraum befinden.

»Die ungewöhnliche Bruchsteinwand ist Ausdruck für die Geschichte der jüdischen Gemeinde Regensburgs, die so alt ist wie die Stadt selbst« (Juan Rosengold).

nach 100m
Lieferverkehr
im Schritt-Tempo

Otto Forster
Schuhmacher
6
Färberei u. Chem. Wäscherei
gegründet 1911.
Franz Nothaas Schöller's Nflg.
Elektrische
Wäschemangel
Inh. Fany Nothaas
Elektrische
Wäschemangel

Brixener Hof

Der Brixener Hof – früher Schäffnerstraße, jetzt Am Brixener Hof 6, geht auf eine Hofstatt der Brixener Bischöfe im Jahr 1002 zurück. 1525–39 erhielt er durch bauliche Veränderungen seine heutige Grundform. Nach 1914 setzte der Verfall des Anwesens ein, dem um 1960 der vollständige Abbruch bevorstand, bis der Besitzer Hugo Rehorik den Architekten Bert Ruf 1969 mit der Sanierung des wertvollen historischen Gebäudes beauftragte. Foto Seite 86 oben 1921, unten heutiger Zustand.

Klarenanger/D.-Martin-Luther-Straße

Die heute verschwundene Prunkvilla Ecke Klarenanger (jetzt D.-Martin-Luther-Str.)/Hemauerstraße, wurde von Baumeister Georg Renner 1902 errichtet. Sie ging 1922 in den Besitz der Bayer. Holzhandelsgesellschaft über, wurde 1932 Arbeitsamt, 1937 erwarb sie die Kath. Bruderhausstiftung, 1960 die Stadt, die schon 1926 in der links anschließenden ehemaligen Eser'schen Villa das Kinderspital eingerichtet hatte, das 1965 durch Zusammenbau und Erweiterung unter Architekt Hans Wenz seine heutige Form erhielt.

Café-Restaurant Paradiesgarten

Volkshaus G.m.b.H., dann Horst-Wessel-Haus

Paradiesgarten/ Richard-Wagner-Straße

In der Ostendorfer Straße, die später zweimal ihren Namen wechselte, an der Ecke zur Landshuter- und Gabelsbergerstraße, stand einst das vornehme Café-Restaurant »Paradiesgarten« mit Saal, Terrasse und Garten. Hier trafen sich die feinen Damen zum Nachmittagsplausch, während die wohlerzogenen Kinder ein bißchen herumspielten; hier fanden auch gelegentlich Kaffeekonzerte in der sogenannten Salonbesetzung statt, auch gesellschaftliche Abendveranstaltungen verschiedener Art im Saal, vornehmlich zur Weihnachts- und Faschingszeit. In den oberen Stockwerken des Hauses waren Wohnungen eingerichtet.
In der Krisenzeit der zwanziger Jahre ging auch die alte Paradiesgarten-Herrlichkeit zu Ende. Das Haus Nr. 2 und das nebenstehende Haus Nr. 4 wurden von der Allgemeinen Elektrizitätsgesellschaft (AEG) übernommen, und 1926 erwarben beide Häuser der Allgemeine Deutsche Gewerkschaftsbund (ADGB) und die Sozialdemokratische Partei Deuschlands (SPD), wobei die AEG aber weiterhin hier Geschäfts- und Lagerräume hatte. Das Haus hieß nun Volkshaus G.m.b.H.
Dramatische Stunden erlebte das Volkshaus bei der politischen Machtübernahme durch die Nationalsozialisten. Am 9. März 1933, vier Tage nach der Reichstagswahl, die den Nationalsozialisten den Sieg brachte, forderte ein SA-Trupp unter Führung des Kreisleiters vom damaligen Oberbürgermeister Dr. Otto Hipp, am Rathaus die Hakenkreuzfahne zu hissen, was aber zunächst verhindert wurde. Ebenso verhindert wurde am gleichen Tag die Besetzung des Volkshauses durch die Nationalsozialisten, weil die Gewerkschafter und Sozialdemokraten von den Umtrieben im Rathaus erfuhren und deshalb Angehörige des Reichsbanners und der Eisernen Front in das Volkshaus holten, die zwar nicht gegen die bereits aufmarschierte Landpolizei kämpfen wollten, wohl aber bereit waren, den andringenden SA-Leuten bewaffneten Widerstand zu leisten.
Freilich war die übermächtige Entwicklung nicht aufzuhalten. Der in diesen Tagen als Bayerischer Reichsstatthalter ins Amt eingeführte Ritter von Epp verkündete, daß

Das neu gestaltete Haus des Deutschen Gewerkschaftsbundes und der Sozialdemokratischen Partei

alle städtischen und staatlichen Stellen mit Hakenkreuzfahnen und schwarz-weiß-roten Fahnen zu beflaggen seien. Am 2. Mai 1933 wurde das Volkshaus von den Nationalsozialisten endgültig genommen und die gewerkschaftliche Organisation hier wie überall durch die Deutsche Arbeitsfront ersetzt. Das Volkshaus wurde nun Horst-Wessel-Haus und die Ostendorfer Straße wurde die Horst-Wessel-Straße. Nach 1945 überließ die damalige amerikanische Besatzungsregierung das frühere Volkshaus, dann Arbeitsfronthaus dem neu sich bildenden Allgemeinen Deutschen Gewerkschaftsbund und der wiederbelebten Sozialdemokratischen Partei, und die Straße wurde nun in Richard-Wagner-Straße umbenannt.

Von 1954–1956 wurde das Doppelhaus erneuert und umgestaltet. Die früher vorhandene Durchfahrt wurde zugemauert und auf diese Weise ein neues Sitzungszimmer, das sogenannte Blaue Zimmer geschaffen. Ein Saal aus Paradiesgartens Zeiten, der baufällig war, wurde abgebrochen und dorthin das Treppenhaus verlegt. Insgesamt wurden die Häuser und alle Fenster erneuert und ein Lift eingebaut. Der östliche Teil des Hauses steht nun der SPD, der westliche dem DGB zur Verfügung.

Landshuter Straße

Die Landshuter Straße war wie die Weißenburgstraße und auch andere Straßen außerhalb der Altstadt ehemals zu beiden Seiten mit Bäumen bestanden und mit Vorgärten geschmückt, in denen auch gemütliche Gartenhäuschen Platz finden konnten. Geschmückt freilich auch mit ziemlich unförmigen Telefonleitungsmasten, auf die man aber damals stolz war.
Unsere alte Ansichtspostkarte zeigt auch ein Automobil mit Chauffeur, denn nachdem um die Jahrhundertwende die ersten brauchbaren Autos auf den Markt kamen, wurde auch in Regensburg ein Automobilclub gegründet. Das Jahr 1912 – aus dem unsere Ansichtspostkarte stammt – war für den Autoverkehr in Regensburg von Bedeutung, da in diesem Jahr der Pflasterzoll für Autos aufgehoben wurde, den diese wie Fuhrwerke bisher immer noch zu entrichten hatten. Übrigens ereignete sich in diesem Jahr am 11. Mai auch der erste Autounfall in Regensburg, natürlich nur mit Blechschaden.

Landshuter Unterführung

Wie man auf dem oberen Foto der großen Baustelle sieht, das im Februar 1967 aufgenommen wurde, war die sogenannte Landshuter Unterführung, durch welche die nach Landshut laufende Fernstraße, die Bundesstraße 15 ihren Weg nimmt, bis zu dieser Zeit nur zweispurig mit Fußgängersteig zu beiden Seiten. Von 1911 bis 1964 rumpelte sogar noch die Straßenbahn von der Maximilianstraße zu den Kasernen durch die Unterführung. Da in die Landshuter Straße auch die Weißenburgstraße ein- beziehungsweise ausmündet, war eine Erweiterung der Unterführung mit zwei je dreispurigen Bahnen und Fußgängerdurchgängen als eines der größten Straßenbauvorhaben Regensburgs dringend nötig. Es wurde von 1967 bis 1969 durchgeführt. Das untere Foto zeigt die neue Unterführung nach endgültiger Fertigstellung im September 1969. Beide Fotos sind Richtung stadteinwärts aufgenommen, das obere Foto mehr westlich (Domtürme), das untere mehr östlich (Turm der Cäcilienkirche) gerichtet.

Haus Ostengasse 13

Die Ostengasse, die vom mittelalterlichen Ostentor in die innere Altstadt führt, hat zwei auffallende Gebäude, das Haus zum Bären an der Kette Nr. 16, einst die Brauereigaststätte des Brandl-Bräus, und das Haus Nummer 13. Hinter der wundervollen klassizistischen Fassade von 1789 mit einem reizvollen Kaminkehrer-Wappen von 1830 über dem Portal, welche die Aufnahme Seite 92 oben im Zustand von 1929 und die Aufnahme darunter nach der hervorragenden Restaurierung von 1982 zeigt, verbirgt sich ein 800 Jahre altes Haus, dessen Innenarchitekturen aus Romanik, Gotik, Barock und Klassizismus nun wieder aufs schönste in Erscheinung treten. Das Haus ist in Privatbesitz, birgt zwölf Wohnungen und im Keller einen gastronomischen Betrieb.

Ecke Weißenburg–/Adolf-Schmetzer-Straße

Noch vor gut 60 Jahren waren die Weißenburgstraße und die Straubinger Straße, wie früher die Adolf-Schmetzer-Straße hieß, im Gegensatz zu heute geradezu eine Idylle. In der Weißenburgstraße wetteiferten die Vorgärten mit Baum- und Blumenschmuck, in der Straubinger Straße war es ebenso, dazu säumten Bäume beide Seiten der Straße. Es gab hier sogar noch Stadtbauern, die gleich nebenan ihre Felder hatten. Viehtreiber trabten gemächlich mit ihren Ochsen zum Schlachthof, die Straßenbahn rumpelte ebenso gemächlich zur Haltestelle Orleansstraße. Das Fernstraßenschild zeigte links nach Straubing, rechts nach Landshut. All das ist dahin. Die Ecke ist heute als Auffahrt zur Nibelungenbrücke gewissermaßen ein Verkehrsknotenpunkt im Stadtosten.

Erhardihaus – Kolpinghaus

Das Haus des katholischen Gesellenvereins wurde von 1889 bis 1891 auf dem Grund der früheren Wirtschafts- und Ökonomiegebäude des Stifts Niedermünster erbaut. Unter dem Präses des Vereins Kanonikus Mühlbauer schuf der Geistliche Rat Domvikar Dengler den Plan für den Bau im neugotischem Stil. Neben den Vereinsräumen enthielt das Haus Veranstaltungs- und Festsäle, alle in neugotischem und nazarenischem Stil ausgestattet, außerdem die Sammlungen des Historischen Vereins für Oberpfalz und Regensburg.
Dieses alte Erhardihaus wurde im Zweiten Weltkrieg 1945 durch Bomben zerstört. Unser Bild Seite 94 oben zeigt die Ruine. Der Wiederaufbau, nunmehr als Adolph-Kolping-Haus, erfolgte bald nach Kriegsende unter Architekt Regierungsbaumeister Hans Beckers. Wie unser Bild Seite 95 oben zeigt, schmückt das schön gegliederte moderne Haus mit Fußgängerdurchgang ein Wandgemälde des Hl. Erhard von dem Regensburger Bühnenbildner und Graphiker Jo Lindinger.
Berühmt war das alte Erhardihaus durch seinen Dollingersaal. Dieser Rittersaal, ein unregelmäßiger Saal mit Kreuzgewölben, die auf einem mächtigen achteckigen Pfeiler ruhen, wurde um 1260/70 erbaut und befand sich einst im ehemaligen Dollingerhaus gegenüber dem Rathausturm. Als das Haus 1889 abgebrochen wurde, baute man den Saal im Erhardihaus ein, wobei die frühgotische plastische Ausstattung, die man nicht insgesamt übertragen konnte, zum Teil in Gipsabgüssen nachgebildet wurde – am bedeutendsten das Relief des Turniers zwischen dem Regensburger Ritter Heinz Dollinger und dem Hunnen Krako, wie unser Bild Seite 94 unten zeigt. Als das Erhardihaus durch Bomben zerstört wurde, blieb der Dollingersaal erhalten. Seine Architekturteile und sein plastischer Schmuck, der im Rahmen der frühgotischen europäischen Kunst hochbedeutend ist, wurden geborgen, lagerten zehn Jahre lang in einem Hof der Neuen-Waag-Gasse, bis der Saal samt Ausstattung im Alten Rathaus eine neue Heimstätte fand und hier im Zusammenhang mit einem Veranstaltungssaal wieder der Öffentlichkeit zugänglich wurde. Originalstücke der Ausstattung sind auch im Städtischen Museum. Der Weg des berühmten Turnierreliefs: Ehemals im Dollingerhaus, gestern im Erhardihaus, heute im Alten Rathaus.

Steinerne Brücke

Wie der Dom Sankt Peter ist die Steinerne Brücke ein Wahrzeichen der Stadt Regensburg. Sie ist das älteste deutsche Brückenbauwerk, als ein Meisterstück hochmittelalterlicher Ingenieurkunst von 1135 bis 1146 errichtet. Diese Bauzeit ist allerdings nicht verbürgt, ebensowenig wie wir den Auftraggeber und den Brückenmeister kennen. Nach alten Berichten sollen der Welfenherzog Heinrich der Stolze und Regensburger Bürger die Brücke erbaut haben; aber dieser Herzog wurde bereits drei Jahre nach dem überlieferten Brückenbaubeginn vom deutschen König abgesetzt. Wie dem auch sei – jahrhundertelang galt die Brücke als ein Wunderwerk, und als Brücke über den Donaustrom und zugleich Brücke über dem Zeitenstrom ist sie uns noch heute wunderbar.

Ein merkwürdiger Umstand der Steinernen Brücke ist, daß sie während des ganzen Mittelalters der einzige feste Donauübergang zwischen Ulm und Wien war. Noch merkwürdiger aber ist die Tatsache, daß sie achthundert Jahre lang die einzige Brücke war, die in Regensburg beide Donauarme überspannte.

Als die Städte noch keine Wappen führen durften, hatten sie Siegel, Regensburg das Sankt-Petrus-Siegel. Die Stadt führte aber noch ein zweites Siegel, das Brückensiegel mit der Umschrift: S. GLORIOSI PONTIS RATISPONE – Siegel der berühmten Brücke von Regensburg. Dieses Siegel ist heute das Zeichen der Regensburger Universität.

Das Wahrzeichen der Steinernen Brücke selbst ist das sogenannte Brückenmännchen: ein auf einem steilen Satteldach sitzender nackter steinerner Bursche, der seine Hand schützend vor die Augen hält und ins Weite blickt. Wohin blickt das Brückenmännchen – und was hat es überhaupt zu bedeuten? Da gibt es verschiedene Auslegungen. Die bekannteste bezieht sich auf die Sage vom Brückenbaumeister und vom Dombaumeister. Die beiden sollen eine Wette geschlossen haben, wer mit seinem Bauwerk eher fertig wird. Der Brückenbaumeister verschrieb sich dem Teufel, dem er versprechen mußte, daß die ersten drei Lebewesen, die über die fertige Brücke gehen, ihm zu eigen seien. So wurde die Brücke eher fertig als der Dom. Der Brückenbaumeister schickte aber seinen Hund und zwei Hühner als erste über die Brücke und überlistete den Teufel, der wiederum wütend unter die Brücke schlüpfte und ihr den Buckel machte. Der Dombaumeister sei – so erzählt die Sage – an der Nordseite des Doms zu sehen, wie er sich in Verzweiflung in die Tiefe stürzte. Aber ebenso wie der sogenannte Dombaumeister eine Wasserspeier-Figur ist, hat das Brückenmännchen nichts mit dieser Erzählung zu tun. Brücken- und Dombau liegen Jahrhunderte auseinander. Das Brückenmännchen könnte Wegweiser zu einer Badestube gewesen sein, meinen die einen; andere wiederum vermuten, es sei eine Warnung vor der Folter in der Fragstatt des Alten Rathauses gewesen, weil das Männchen wie auf dem Folterinstrument des »Spanischen Esels« sitzt. Auf der Brücke galten nämlich strenge Friedensgebote. Wahrscheinlich aber ist das Brückenmännchen eine astronomische Figur, die nach den Sternen blickt. An der Sebastianuskapelle in Tauberbischofsheim sind mehrere nach den Sternen ausschauende Figuren, die dem Regensburger Brückenmännchen gleichen. Religiös gedeutet, könnte das Männchen Ausschau nach der Wiederkunft Christi halten. Sein Rätsel wird es wohl nie ganz preisgeben; ebenso wie die Inschrift am Satteldach rätselhaft bleibt. Das heutige Brückenmännchen, 1854 aufgestellt, hatte zwei Vorgänger. Das schwer beschädigte um 1579 errichtete Männchen ist heute im Städtischen Museum. Aber auch die älteste Darstellung des Männchens von 1594, das ehmals auf dem Giebel einer Tür saß, die zu einer Schleifmühle hinabführte, schaut mit vorgehaltender Hand nach oben.

Die Steinerne Brücke überspannt mit ursprünglich sechzehn Bogen die Donau und ist rund 310 Meter lang. Einst hatte sie drei Türme, und vom Donaustrom betriebene Säge-, Schleif- und Walkmühlen waren angebaut, wie man auf dem Merian-Stich auf Seite 5 unseres Buches sehen kann. Der Mittelturm wurde nach einem Eisstoß 1784 abgebrochen, der Nordturm 1809 nach der Erstürmung Regensburgs durch Napoleon. Aber auch schon im Dreißigjährigen Krieg rückte man der Brücke zuleib, als der kurbayerische Kommandant Oberst Troibreze 1633 nicht nur Gebäude außerhalb der Stadtmauern niederlegen und die Mühlen an der Steinernen Brücke zerstören, sondern auch das dritte Brückenjoch mit Pulver sprengen ließ, obwohl die durchaus nicht bayerisch gesinnten Bürger der Stadt dagegen waren. Die heranziehenden Schweden unter Bernhard von Weimar konnten dadurch ebensowenig aufgehalten werden wie 1945 die Amerikaner, als auf Befehl des Gauleiters der nationalsozialistischen Regierung am 22. April die ersten Bogen der Steinernen Brücke und auch alle anderen Brücken Regensburgs gesprengt wurden.

Unsere Bilder Seite 96 zeigen die Steinerne Brücke um 1920, als über sie noch die Straßenbahn fuhr, die Brücke im Eisstoß des Jahres 1956, ferner die 1945 sinnlos zerstörte Brücke mit der jahrelangen Notüberbrückung, schließlich die Steinerne Brücke heute.

Renner 110.

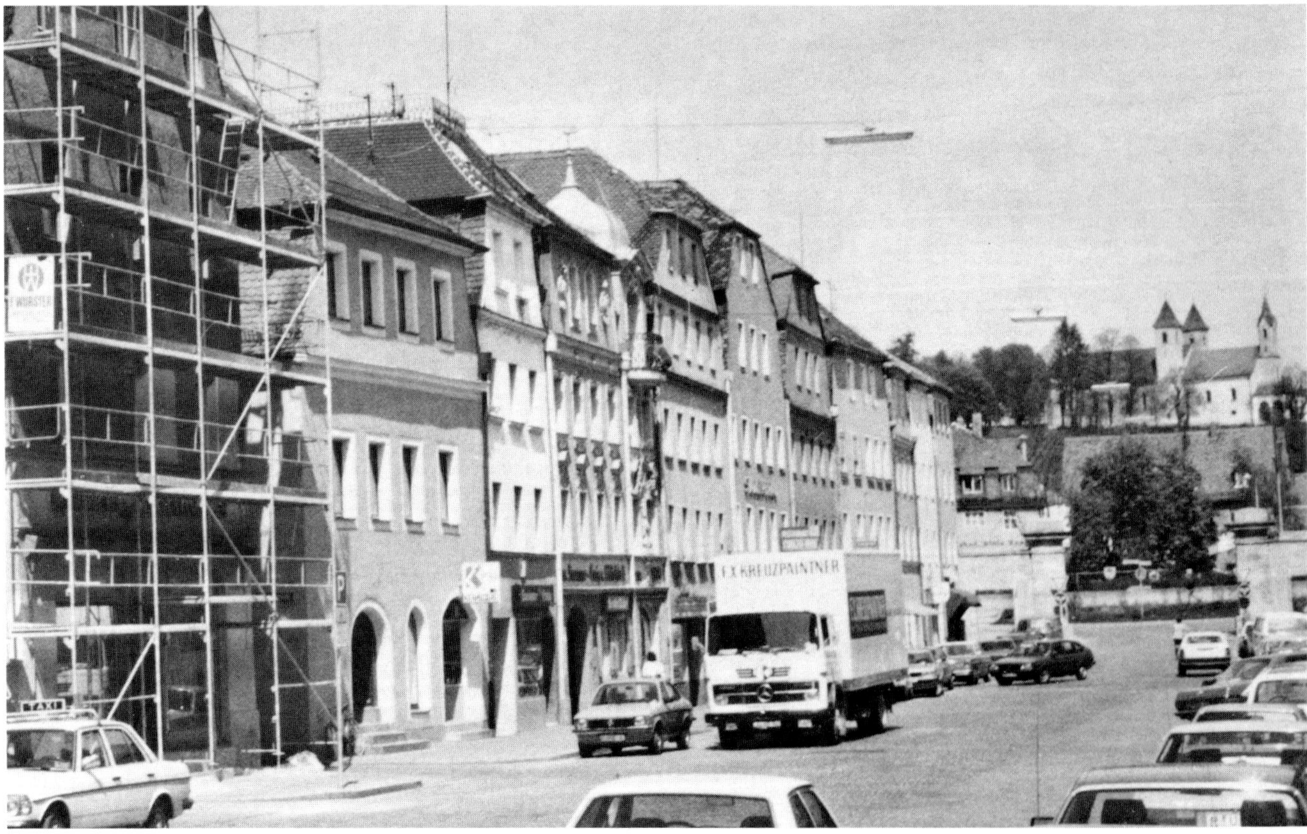
F.X. KREUZPAINTNER
TAXI

Stadtamhof

Stadtamhof jenseits der Donau war jahrhundertelang eine eigene bayerische Stadt, ihr Wappen: drei gekreuzte Schlüssel auf dem bayerischen Rautenwappen. Am Nordende der Steinernen Brücke war ehemals die Grenze zwischen der Reichsstadt Regensburg und Stadtamhof. Erst 1924 wurde Stadtamhof mit anderen Vororten nach Regensburg eingemeindet. Unser altes Foto Seite 98 oben zeigt, wie belebt die Hauptstraße Stadtamhofs auch in früherer Zeit war, mit Bauern- und Marktwagen und Zulieferern aller Art.

Das schlimmste Schicksal erfuhr Stadtamhof 1809, als es bei der Erstürmung Regensburgs durch Napoleon verwüstet wurde. Der Wiederaufbau ging bei geringen Mitteln langsam vor sich; aber im Verlauf des 19. Jahrhunderts wurden manche Häuser gut ausgestattet. Unser Musterbeispiel zeigt die Marien-Apotheke Seite 99 oben mit stattlichem Neurenaissanceschmuck, der allerdings leider 1925 beseitigt wurde, um, wie auch andere Häuser, kahle Fassaden zu erhalten, wie unsere Fotos vom heutigen Stadtamhof Seite 98/99 unten zeigen.

Stadtamhof – Reinhausen

Auf dem Protzenweiher in Stadtamhof fand früher – wie unser Foto aus dem Jahr 1929 Seite 100 oben zeigt – die Mai- und Herbstdult statt, zu der immer Tausende Regensburger strömten. Protz heißt im Bayerischen nicht nur ein Prahlhans, sondern auch eine Kröte. Der Protzenweiher war ja früher tatsächlich ein Weiher, eine Flutmulde der Donau, die später mit dem Brandschutt der Kriegszerstörung von 1809 aufgefüllt wurde, wo sich aber immer noch, insbesondere nach stärkeren Regenfällen, große Wasserlachen bildeten, welche die Dultbesucher entweder umgehen oder, was den Kindern Spaß machte, durchwaten mußten. Bei den früheren Dulten, wo die

Stadtamhofer Hauptstraße entlang die Verkaufsstände der Fieranten standen, gab es noch keine übertriebenen Riesenschaukeln, und es überschrieen sich auch nicht die Lautsprecher, aber es gab allerlei Karusselle, die Berg- und Talbahn, Schiffschaukeln, rollende Teppiche und Rutschbahnen, Spiegelkabinette, Kasperltheater und Hundetheater, Buden mit der Dicken Berta oder dem Langen Heinrich, deren Unterkleider zum Anreiz des Publikums unter entsprechenden Anpreisungen vorgezeigt wurden, dann gab es Zuckerwatte und Türkischen Honig, daß den Kindern die Finger zusammenpappten, auch Eis, gebrannte Mandeln und Nürnberger Plätzchen. Sehr beliebt war der große Geschirrmarkt. Und die Dultorgeln tönten nicht ohrenbetäubend, sondern vielfältig und doch harmonisch ineinander.

Am 28. August 1971 wurde der neue Dultplatz westlich des alten Protzenweihers eröffnet, wie unser Foto Seite 100 Mitte zeigt, nunmehr hochwasserfrei, mit einer Teerdecke ausgestattet, mit Parkplätzen und mit neuzeitlichen sanitären und Versorgungseinrichtungen, jetzt auch beliebter Platz für Gastspiele großer Zirkusunternehmen.

Am einstigen Protzenweiher – wie unser Bild Seite 100 unten zeigt – ist heute eine Schleuse des Rhein-Main-Donau-Kanals. Der Durchstich des Kanals begann im März 1973. An den einstigen Protzenweiher und den ehemaligen Dultplatz erinnern heute noch Straßenbezeichnungen.

Jenseits der Brücke über den Regen, der in nächster Nähe in die Donau mündet, liegt Reinhausen, einst eine eigene Gemeinde, die wie Stadtamhof, auch wie Sallern, Steinweg, Schwabelweis, Weichs und Winzer im Jahr 1924 nach Regensburg eingemeindet wurde. Über die alte Regenbrücke rumpelte, wie das Foto von 1908 Seite 101 oben zeigt, die Walhallabahn, das Walhallabockerl. (Siehe Innerstädtische Verkehrsmittel und Walhallabahn Seite 116/117!) Wie das Haus am Brückenende zeigt, haben auch hier zur Zeit, als die neue Regenbrücke gebaut wurde – Foto Seite 101 unten –, Häuser ihre alten Verzierungen und ihre malerischen Fensterläden verloren. Die neubarocke Kirche St. Josef Reinhausens wurde ab 1906 von Architekt H. Hauberrisser gebaut, 1912 eingeweiht und 1984 renoviert.

Neue Regensburger Donaubrücken

Seite 102: Eiserner Steg, erbaut 1902, mit Brückenzolleinnehmer – Eisener Steg nach Sprengung 1945 – Eiserner Steg heute

Seite 103: Pfaffensteiner Autobahnbrücke, erbaut 1963 bis 1967

Oben: Brücke nach Norden zur Autobahn Regensburg-Schwandorf

Unten: Brücke nach Regensburg-Stadt

Seite 104: Oben links: Nibelungenbrücke, erbaut als Adolf-Hitler-Brücke 1936/37, Aufnahme 1938

Seite 104: Oben rechts: Nibelungenbrücke heute

Seite 104: Unten: Nibelungenbrücke nach Sprengung 1945

Seite 105: Schwabelweiser Brücke oder Ostbrücke, Montage von März bis Dezember 1980

Text zu den Brücken siehe Seiten 104/105!

Ausfahrt

Neue Regensburger Donaubrücken

Anfang unseres Jahrhunderts beabsichtigte die Stadt, eine neue Donaubrücke zu errichten. Nach langen Verhandlungen kam es aber nur zum Bau des Eisernen Stegs, der vom Weißgerbergraben und Weinmarkt zum Oberen Wöhrd führt. Auch dieser Brückenbau war für die nicht reiche Stadt schon ein großes Unternehmen, so daß ein Wächterhäuschen errichtet wurde und ein Brückenzolleinnehmer von den Fußgängern etliche Pfennige kassieren mußte. Auch diese Brücke wurde am 22. April 1945 auf Befehl des Gauleiters der nationalsozialistischen Regierung gesprengt und nach 1945 wieder aufgebaut.
Schon nach dem Ersten Weltkrieg weitete sich die Stadt nach Norden aus, und der zunehmende Verkehr machte außerdem den Bau einer weiteren Donaubrücke immer notwendiger, nachdem die Steinerne Brücke bereits über achthundert Jahre ihren Dienst getan hatte, noch weiter tat und immer noch tut. 1936/37 wurde die neue Nibelungenbrücke, damals als Adolf-Hitler-Brücke, erbaut, und bei der Einweihung 1938 wurde unter dem Hoheitsadler folgende, der nationalsozialistischen Propaganda dienende Namenstafel enthüllt: Adolf-Hitler-Brücke/Begonnen im dritten Jahre, vollendet im sechsten Jahre der Regierung des Führers. So feierlich die Brücke eingeweiht wurde, so jämmerlich ging sie am bereits erwähnten Tag der allgemeinen Brückensprengung teilweise zugrunde. Der Wiederaufbau nahm die Zeit von 1945 bis 1950 in Anspruch.
Als sich Regensburg nach dem Zweiten Weltkrieg zur Großstadt entwickelte und der Autoverkehr weiterhin stark zunahm, konnte das bisherige Brückensystem der Stadt auf die Dauer nicht genügen. So kam dem Bau der

Pfaffensteiner Autobahnbrücke hohe Bedeutung zu. Ihre Beschreibung sei hier nach dem Bericht der Bauleitung Regensburg der Autobahndirektion Südbayern wiedergegeben: Die Brücke überspannt die beiden Donauarme mit dem Rhein-Main-Donau-Kanal, die Bundesstraße 8 und je eine Wohnstraße beim Nord- und Süd-Widerlager. Die geforderte lichte Durchfahrtshöhe von 6,40 m über dem gestauten Wasserspiegel des Kanals, die 4,70 m Durchfahrtshöhe über der Bundesstraße 8 sowie eine geologisch bedingte Tunnelsohlen-Kote bestimmten die Gradiente, die in einer Neigung von 0,5 % verläuft. Der nördliche Teil der Brücke ist in seiner Linienführung weitgehend durch den Knoten Pfaffenstein bestimmt, dessen Ausgestaltung durch den Rhein-Main-Donau-Kanal, die örtliche Bebauung und die Winzerer Höhen beengt war. Das Bauwerk ist als Doppelbrücke erstellt worden. Die Gesamtstützweite beträgt 539 m, die größte Einzelstützweite 95 m, gemessen in der Hauptachse. Die Tragkonstruktion – längs- und quervorgespannte Stahlbetonhohlkästen, in Feldmitte zum Teil als Plattenbalken ausgebildet – läuft über 7 Öffnungen durch. Die beiderseitigen Rampenbrücken sind biegungssteif mit der Haupt-Trag-Konstruktion verbunden. Die gesamte Brückenfläche umfaßt rund 21 000 qm. Die Pfeiler I bis IV konnten mittels Caisson auf zum Teil sehr zerklüftetem Weißjura-Kalkstein gegründet werden. Ähnliche Verhältnisse, die besondere Maßnahmen erforderten, mußten bei Pfeiler V und VI, beim Widerlager Nord und bei der Ufermauer festgestellt werden.

Die Bauzeit der großen Pfaffensteiner Brücke im Zuge der Bundesautobahn A 93 betrug vier Jahre, von 1963 bis 1967. Die Verkehrsfreigabe für die Ostbrücke fand im November 1966, für die Westbrücke im Dezember 1967 statt. Die Baukosten beliefen sich auf rund 20 Millionen DM.

Als weitere wichtige Donaubrücke Regensburgs kam 1980 die Schwabelweiser Brücke oder Ostbrücke hinzu. Diese Strombrücke ist eine reine Stahlkonstruktion, bestehend aus acht mächtigen Bogenteilen, die zusammen den Brükkenbogen ergeben. Die einzelnen Bogenteile sind bis zu 28 m lang und haben jeweils ein Gewicht bis zu 40 t. Das Gesamtgewicht der Bogenbrücke beträgt 2700 t. Mit einer Länge von 209,472 m überspannt der Bogen der Strombrücke beim Vorort Schwabelweis die Donau von einem Ufer zum anderen. Mittels zwei Tragschiffen von je rund 75 m Länge und einer Tragfähigkeit von je 1500 t, die mit Hubtürmen ausgerüstet waren, wurde die Brücke als seltenes technisches Schauspiel Mitte Dezember 1980 »eingeschwommen«, wie der Fachausdruck lautet. Erst als die reine Stahlbrücke am Südufer auflag, erhielt sie einen 8 cm dicken Fahrbahnbelag aus Asphaltbeton.

Ein weiter Weg von der ersten Schiffsbrücke, die Kaiser Karl der Große 792, als Regensburg Hauptstadt Bayerns war, über die Donau legen ließ, bis zur modernen Autobahnbrücke von 1966/67. Von kleineren Brücken, die in unserer Zusammenstellung nicht berücksichtigt sind, wäre noch die Oberpfalzbrücke von 1971 beim neuen Dultplatz zu erwähnen.

Konradsiedlung

Im Norden der Stadt entstand diese Siedlung auf Anregung des ehemaligen Arztes und Oberbürgermeisters Dr. Otto Schottenheim, weshalb sie ursprünglich Schottenheimsiedlung hieß. Nach dem ersten Spatenstich am 17. September 1933 konnten im Frühjahr 1934 die ersten 86 Familien in ihre neuen Heime einziehen. Im Lauf der Jahre wurde aus dem anfänglichen neuen Dorf eine neue Stadt bei Regensburg. Dem ersten einfachen Siedlerhaustyp folgten rund zwanzig weitere, so daß sich heute ein wohlgeschlossenes, aber abwechslungsreiches Bild ergibt, wo nunmehr über 11 000 Menschen wohnen. Stadtbekannt sind die alljährlich stattfindenden Siedlerfeste der Konradsiedlung. Seit den 30er Jahren gibt es noch eine Reihe anderer Siedlungen im Stadtgebiet.

Hafenanlagen

Als König Ludwig I. von Bayern den Regensburger Hafen den »westlichsten Hafen des Schwarzen Meeres« nannte, fand der Güterumschlag noch an der Donaulände statt, die auf 1300 m ausgebaut wurde und mit Gleisanlagen, Lagerhäusern und zehn Kränen versehen war (Bild Seite 108 oben). Heute legen hier oberhalb der Nibelungenbrücke nur noch die Zugschiffe an, um deren Besatzung einen kürzeren Weg zur Stadt zu ermöglichen. Von 1906 bis 1910 wurde unter Prinzregent Luitpold von Bayern der Luitpoldhafen (Bild Seite 108 unten, 1915) mit zwei Hafenbecken und Ölhafen errichtet, der heutige Westhafen (Bild Seite 109 oben).

Bereits in den 20er Jahren wurde der Osthafen geplant, schließlich 1959 bis 1972 in verschiedenen Bauabschnitten verwirklicht (Bild Seite 109 unten). Hier finden sich neuartige Tiefbunkeranlagen, am Südkai 1978, am Nordkai 1980 erbaut, die dazu dienen, das aus Übersee über Hamburg mit Bahn ankommende Erz auf die Donauschiffe zu verladen, um es an den Bestimmungsort Linz (VOEST-Werke) zu bringen. Diese Transportdienste werden, zusammen mit Güterbeförderungen nach Südost-Europa und dem nahen Orient (z. B. Betonrohre für Wasserleitung in den Irak, Maschinenteile für den Iran) weiterhin bestehen bleiben und dem Regensburger Hafen auch nach dem Ausbau des Rhein-Main-Donau-Kanals (Europa-Kanal) seine Bedeutung geben.

HIER ERRICHTET DER
FREISTAAT BAYERN
DIE VIERTE
LANDESUNIVERSITÄT
REGENSBURG

Universität

Der gesetzliche Gründungsbeschluß für die Universität Regensburg wurde durch den Volkswillen erreicht. Sprecher war der Verein der Freunde der Universität Regensburg e. V., der seit 1948 unentwegt kämpfte, bis der Bayerische Landtag das »Gesetz über die Errichtung einer vierten Landesuniversität« am 18. Juli 1962 beschloß.
Die Grundsteinlegung der Universität geschah am 20. November 1965. Der Vorlesungsbetrieb begann mit dem Wintersemester 1967/68. Die feierliche Einweihung und Eröffnung fand am 11. November 1967 statt.
Die Struktur der Universität Regensburg nach dem Bayerischen Hochschulgesetz von 1974: Die Universität wird durch einen Präsidenten geleitet. Versammlung, Senat und Fachbereichsräte sind die Kollegialorgane, in denen Vertreter der Professoren, der wissenschaftlichen Mitarbeiter, der Studenten und auch der nicht-wissenschaftlichen Bediensteten gemeinsam entscheiden.
Die Fakultäten können in wissenschaftliche Einrichtungen (Institute) und Betriebseinrichtungen (z. B. Werkstätten) untergliedert werden. Folgende Fakultäten sind eingerichtet: Katholische Theologie – Jura – Wirtschaftswissenschaften – Zahnmedizin – Philosophische Fakultät I (Philosophie, Sport- und Kunstwissenschaften) – Philosophische Fakultät II (Psychologie und Pädagogik) – Philosophische Fakultät III (Geschichte, Gesellschaft und Geographie) – Philosophische Fakultät IV (Sprach- und Literaturwissenschaften) – Naturwissenschaftliche Fakultät I (Mathematik) – Naturwissenschaftliche Fakultät II (Physik) – Naturwissenschaftliche Fakultät III (Biologie und Vorklinische Medizin) – Naturwissenschaftliche Fakultät IV (Chemie und Pharmazie).
Neben dieser Fakultätsstruktur hat sich die Einrichtung zentraler Bereiche, wie der Universitätsbibliothek, des Rechenzentrums und des Sportzentrums sowie der zentralen Universitätsverwaltung bewährt.
Der Betrieb des Zahnklinikums der Universität ist 1984 angelaufen; zum Wintersemester 1984/85 werden 85 Studenten ihr Studium aufnehmen. Die »Haushaltsunterlage Bau« für das gesamte Klinikum wird bis zum Herbst 1984 den zuständigen Prüfungsbehörden vorgelegt.
Im Wintersemester 1983/84 waren insgesamt 12 015 in- und ausländische Studenten an der Universität Regensburg immatrikuliert, im Sommersemester 1984 waren es 11 407.

Eigner-Haus

Verlorene Bauten

Dieser überaus reizvolle klassizistische Gartentempel wurde von Kaspar Graf von Sternberg, der unter Fürstprimas Carl von Dalberg Vizepräsident beim Landesdirektorium war, 1804/05 für seinen Botanischen Garten erbaut. Sternberg war auch leidenschaftlich den Naturwissenschaften ergeben und Mitglied der Botanischen Gesellschaft. Architekt des Gartentempels war der Venezianer Giannantonio Selva, der mit diesem Bau ein Meisterwerk schuf. Die Bauleitung hatte der Dalberg'sche Architekt Emanuel von Herigoyen, der lange Zeit als der Architekt galt. Bereits 1806 erwarb Fürstprimas Carl von Dalberg das Gartenhaus. Bei der Erstürmung Regensburgs durch Napoleon 1809 wurde der Botanische Garten verwüstet und das Gartenhaus erheblich beschädigt. 1813 erwarb es Fürst Carl Alexander von Thurn und Taxis, der es wieder instandsetzen ließ. Es wurde nun »Theresens Ruh«, und die Fürstin brachte hier ihre Bibliothek unter. Im Zweiten Weltkrieg beschädigte ein Bombenangriff am 14. 3. 1945 das Gebäude schwer, und leider wurde es in den folgenden Jahren abgebaut, bis es 1949 ganz verschwunden war.

Tobias Eigner, geboren 11. 4. 1822 in Fronberg bei Burglengenfeld, war in diesem Ort Hammerwerksbesitzer. Als Hammerherr reich geworden und verheiratet mit einer Tochter Emma der Freiin von Andrian, zog er als Rentier, wie man damals sagte, nach 1870 nach Regensburg. Hier ließ er sich an der Ecke Sedanstraße–Straubinger Straße, heute Adolf-Schmetzer-Straße (im Adreßbuch der Stadt 1876 als »Vor dem Ostentor I 57 1/7«, später als Nummer L 80 angegeben) das wunderschöne Haus mit klassizistischen Formen errichten, wobei als vermutlicher Architekt ein gewisser Heilmann vermerkt ist.
Sehr bedauerlich, daß dieser edle Bau aus Regensburgs Gründerzeit gänzlich verschwunden ist. Tobias Eigner starb am 11. 12. 1895. 1896 erscheint im Adreßbuch die »Rentierswitwe Emma Eigner« als Eigentümerin des Hauses, die es dann an die Großhändlersfamilie Laux verkaufte. Laux ließen, was heute unverständlich ist, das Haus abbrechen, um eine noch größere hochherrschaftliche Villa mit Wintergarten zu errichten. Umgebaut beherbergt dieses Haus heute das Staatliche Gesundheitsamt.

Obermünsterkirche

Die Obermünsterkirche ist die einzige Kirche Regensburgs, die im Zweiten Weltkrieg, am 13. März 1945, durch Bomben zerstört wurde. Sie wurde nicht wieder aufgebaut, blieb mit ihrem freistehenden Turm aus dem 12. Jahrhundert, der nicht getroffen wurde, teilweise als Ruine stehen, und im Bereich dieser Kirche wurde von 1969–72 das Diözesanzentrum errichtet (siehe Seite 78/79).

Das Obermünsterstift entstand schon im 8. Jahrhundert, wurde unter Ludwig dem Deutschen und seiner Gemahlin, der Hl. Hemma, königliches Stift, durch Heinrich den Heiligen Reichsstift. Bis zur Auflösung 1803 war es Adeliges Damenstift, von 1822–72 Klerikalseminar, dann bis 1969 Knabenseminar.

Die romanische Kirche war eine dreischiffige, in den Seitenschiffen gewölbte Basilika, die im Lauf der Zeit viele Veränderungen erfuhr: Kassettendecke nach 1624, Hochaltar von 1628, der 1777 erneuert und vergrößert wurde, eine Frühbarockanlage mit Rokokozutaten und Spätrokokotabernakel. Im Altarchor, der erst 1704 nach Westen

verlegt wurde, waren die Emporen für die adeligen Stiftsdamen. Die Deckengemälde über den reichen Stukkaturen waren von Melchior Steidl.

Innerstädtischer Verkehr und Walhallabahn

Das erste innerstädtische Verkehrsunternehmen in Regensburg gab es bereits zur Zeit des Immerwährenden Reichstags 1712: Ein privates Sänfte-Unternehmen, wobei die Sänftenträger bei Strafe verpflichtet waren, niemand auszusagen, wen und wohin sie ihren Tragegast gebracht hatten.

Dann kamen die Lohnkutschereien. Um die Jahrhundertwende gab es sechsundvierzig Fiaker in der Stadt, die einmal im Jahr alle am Haidplatz zusammenkommen mußten, um technisch überprüft zu werden – TÜV des 19. Jahrhunderts. Unser Bild Seite 116 unten zeigt die Anzeige eines Lohnkutscherei-Unternehmens aus dem Adreßbuch von 1890.

Um diese Zeit wurde Regensburg noch fortschrittlicher, denn im Mai 1891 wurde ein Pferdeomnibusunternehmen des Kaufmanns Schwarz mit Linien Westend–Schlachthof, Bahnhof–Stadtamhof eröffnet, wie unser Foto Seite 116 oben zeigt. Es wurde allgemein begrüßt und in der Presse hochgelobt; dennoch ging das Unternehmen bereits im November seines Eröffnungsjahres wieder ein.

Bevor wir zur vielbeschriebenen Regensburger Straßenbahn, der Trambahn, wie man hier sagte, kommen, ist es nötig, der Walhallabahn zu gedenken. Sie wurde von der Lokalbahn-Aktiengesellschaft als Verbindung von Stadtamhof zur Walhalla, später bis Wörth a. d. Donau, wohin bisher kein Verkehrsweg führte, ins Leben gerufen und fuhr von 1889 bis 1933 von Stadtamhof aus, später ab jenseits der Regenbrücke, bis 1960 der Personenverkehr und nach einem Auslaufbetrieb 1968 das »Walhallabockerl«, wie es im Volksmund hieß, endgültig eingestellt wurde. Unser Foto Seite 117 oben zeigt die Walhallabahn um 1933 bei ihrer Abfahrt in Stadtamhof, das Foto unten das Walhallabockerl-Denkmal, das 1976 mit der Lokomotive 99 253 an der Schleusenpromenade in Stadtamhof aufgestellt wurde.

Die Städtische Straßenbahn wurde nach langen Verhandlungen 1903 mit Linien Bahnhof–Stadtamhof und Schlachthof–Prüfening eröffnet, 1911 kam die Linie Hotel Maximilian–Kasernen hinzu, und mehrere Erweiterungen folgten bis 1933. Die Einstellung etlicher Linien begann 1945, die endgültige Stillegung der Straßenbahn erfolgte 1964.

Zehn Jahre lang, von März 1953 bis Mai 1963, verkehrten auch Oberleitungsbusse vom Bahnhof zur Konradsiedlung. Inzwischen waren aber bereits die Omnibusse auf den Plan getreten, die heute mit zwölf Linien den Stadtverkehr bewältigen. Siehe Fotos Seite 118 und 119!

Straßenbahnen am Halte- und Kreuzungspunkt Domplatz 1963

Linie 2 der heute verkehrenden 12 Buslinien an der engsten Kurve vom Bischofshof zur Goliathstraße

Oberleitungsbus am Hauptbahnhof 1963

Karl-Stieler-Straße 2
164
164
...Wärm

Inhalt

Literatur

Hugo Graf von Walderdorff, Regensburg in seiner Vergangenheit und Gegenwart, Regensburg 1896
F. Mader, Die Kunstdenkmäler in Bayern, Stadt Regensburg, Bd. I–III, München 1933
Walter Boll, Regensburg, München 1955
Regensburg – Geschichte in Bilddokumenten, herausgegeben von Andreas Kraus und Wolfgang Pfeiffer, München 1979
Karl Bauer, Regensburg, Regensburg 1980
Sigfrid Färber, Regensburg – Stadtführer, Regensburg 1983
Peter Heigl, Eine andere Stadtführung, Regensburg 1983

Alumneum: Protestantisches Alumneum, Regensburg 1929
Hauptbahnhof: Die Bayerischen Ostbahnen, Kalender 1980 des Fremdenverkehrsverbandes Ostbayern – Alfred Gottwaldt, Deutsche Bahnhöfe, Orell/Füssli 1983 – ETR Eisenbahntechnische Rundschau, 1–2, Jan., Febr. 83
Hafen: Paul Feuchter, Der Donauhafen Regensburg, Eisenbahntechnische Rundschau 1959 – August Wilhelm Adler, Erweiterung des Hafens Regensburg, Bau intern, März 1974 – Werner Stroinski, Entwicklung des Hafens Regensburg, Bau intern 1/2 – 1979
Städtische Galerie »Haus zum leeren Beutel«: Wolfgang Pfeiffer, Der leere Beutel, Regensburger Almanach 1982
Ostdeutsche Galerie: Rupert Schreiner, Ostdeutsche Galerie Regensburg, Regensburg 1982
Thon-Dittmer-Palais: Bernd Meyer, Das Thon-Dittmer-Palais, Regensburger Almanach 1983
Haus Keplerstraße 2: Denkmalpflege-Informationen, Bayer. Landesamt für Denkmalpflege, München, Ausgabe B Nr. 23 vom 15. 11. 1977
Innerstädtischer Verkehr: Walther Zeitler, die Regensburger Straßenbahn, Regensburg 1981 – Josef Dollhofer, Das Walhallabockerl, Regensburg 1972
Verlorene Bauten: Hermann Reidel, Das Gartenkasino des Grafen Kaspar von Sternberg, Verhandlungen des Historischen Vereins für Oberpfalz und Regensburg, 119. Band, 1979
Berichte in den Regensburger Zeitungen: Mittelbayerische Zeitung, Die Woche und Bei uns, Regensburger Bilderbogen, herausgegeben von der Stadtverwaltung.

Bildnachweis

Städtische Lichtbildstelle, Regensburg S. 10, 12, 15, 17 o., 33 o., 34 o. l., 36 u., 37 o., 43 o. l., u. r., 45 u., 46 o., 47, 49 o. l., 50 o., 51 o., 52 o., 54 o. l., 55 o., 56 u. l., 57 u. l., 60, 66 u., 68 u., 85 o., 91, 94, 96 o., r. u. M., 100 M., 102 M., 103 o., 104 u., 105, 107, 110 o., 112 u., 117 u., 120.
Städtisches Museum, Regensburg 18 u., 20 (Laifle), 22, 27 o., 28 (Maar), 29, 30, 31 o. l., 31 o. r. (Staatl. Bildstelle München), 32 o. l., 35, 38 o. l., 38 u., 40 o., 41 o. l., 53 o., 56 o. l. (Staatl. Bildstelle), 58, 62 o., 63 o., 68 o., 76 o., 82, 83 o., 84, 86 o., 92 o. (Staatl. Bildstelle), 100 o., 106 o., 112 o., 113.
Städtisches Fremdenverkehrsamt, Regensburg 74, 75, 76 u. l., 94 u.
Sammlung Paul Eickhoff, Regensburg 16 o., 36 o., 42, 44, 64 u., 66 o., 72 o., 87 o., 90 o., 104 o. l., 116.
Sammlung Albert Prasch, Regensburg 8 u., 9, 65 o. u., M., 88, 93 o., 101 o., 102 o., 108.
Archiv Diözesanzentrum 19 u., 78 o. l. (Landesamt f. Denkmalpflege), u. (Foto Denk), 79 (Foto Denk), 114 (Landesamt f. Denkmalpflege), 115 o. (Landesamt f. Denkmalpflege).
Foto Horst Hanske 80, 81, 103 u.
Anna Lutz, Regensburg-Stadtamhof 96 o. l., 98 o., 99 o.
Mittelbayerische Zeitung Archiv 70 o., 71 u.
Archiv Oberpostdirektion, Regensburg 25, 26.
Bundesbahndirektion, Nürnberg 8 o.
Archiv Dr. Robert Eckert 14.
Archiv Regierung der Oberpfalz 73.
Herbert Haseneder 118.
Alle übrigen Aufnahmen des gegenwärtigen Zustands der Stadtmotive sind von Foto Ernst Kirschner, 7302 Ostfildern (Nellingen), und J. F. Steinkopf Verlag, Archiv.